3

조선백성실톡

| 무적핑크 지음 · YLAB 기획 · 이한 해설 |

위즈덤하우스

위대한 『조선왕조실록』

– 이한

『조선왕조실록』은 유네스코가 지정한 세계기록유산이다. 세계가 인정할
만큼 훌륭하다는 뜻일 텐데, 사실 그 훌륭함이 그다지 피부에 와 닿지는
않는다. 집 앞에 있는 식당이 유명한 맛집이라고 해도 언제나 가까이 있었
기 때문에 별다른 감상을 느끼지 못하는 것처럼 말이다.

한국은 기록의 역사가 깊은 나라가 아니다. 삼국시대 각 나라가 자신들
의 역사서를 만들었다고는 하나 지금까지 전해지는 게 없고, 고려 때 쓰인
『삼국사기』는 솔직히 평가해 단출하다. 『고려사』는 그나마 공정한 역사를
적겠다는 세종의 집념 덕분에 수십 년이 걸려 완성되긴 했지만『조선왕조
실록』의 박력에 비하면 소박하다.

『조선왕조실록』은 일단 분량부터 압도적이다. 태조에서 철종까지, 25대
임금이 다스린 472년 동안의 기록이다. 고종과 순종을 합치면 더 길어지
지만, 이 둘의『실록』은 정리된 때가 일제강점기라는 이유로『실록』으로 인
정하지 않아야 한다는 주장도 있다. 권수로 따지자면 1,893권. 한국뿐만
아니라 전 세계를 뒤져도 이렇게 길고 흥미진진한 역사 기록을 찾기는 쉽
지 않다.

대부분의 역사책들이 역사적 사건의 요약본이라면, 『조선왕조실록』은
실황 중계이자 녹취록이다. 왕, 신하, 사건이 있으며 이들이 서로 주고받
는 대화를 몹시 생생하게 적고 있다. 『실록』을 읽고 있노라면 그 안의 내용
이 수백 년 전의 일이 아니라 바로 눈앞에서 펼쳐지는 듯 생생하다. 한 문
제에 대해 말하는 사람, 수긍하는 사람, 반대하는 사람이 각각 존재한다.
날짜가 지나며 사건이 커지기도 하고 엉뚱하게 번지기도 하며 어떤 경우

에는 묻혔다가 갑자기 툭 튀어나오기도 한다. 힘없는 백성들의 일도 실려 있으며 때로는 각 지역의 특산물과 지리까지 기록되어 있다. 수많은 결의 파도가 넘실대는 바다라고나 할까? 너무도 방대하여 읽다 보면 때로는 길을 잃어버리기도 하고, 이것과 저것을 분간하기 어려워질 때도 있지만 그렇기에 너무도 많은 진실을 담고 있는 바다이다.

이런 『실록』을 만들어내기 위해 조선 사람들은 엄청난 공을 들였다. 먼저 사초를 작성하는 것부터 시작한다. 사관은 언제 어디서나 보통 두 사람이었는데, 한 사람의 기억력은 불완전하기도 하며 개인의 사관이나 정치적 의견 때문에 기록을 곡해할 가능성이 있었기 때문이다. 그렇게 정리한 사초들을 '임금도 못 보게' 비밀리에 보관해 두었다가 왕이 죽고 나면 본격적인 정리에 들어갔다. 실록청이 만들어지고, 정승이 총재를 맡으며 대제학을 비롯한 당대의 글 잘 쓰는 사람들이 모두 모여들어 편수관이 되었다. 기존의 사초는 물론이거니와 『승정원일기』, 경연의 기록을 더하고, 여기에다가 개인의 문집까지 모두 긁어와 비교하고 궁리하고 정리한 끝에 『실록』이 만들어졌으니 어마한 규모의 작업이었다.

『실록』 정리에 참여하는 것은 고되긴 했어도 굉장히 영광스러운 일이었고, 실제 편수관에 참여한 사람들 중에는 지금까지도 유명한 사람들이 꽤 많다. 그래서 『실록』에는 더욱 큰 권위가 생겼고 사관들은 긍지와 고집, 신념을 품고 자신의 일에 몸을 던질 수 있었으며 조선은 훌륭한 역사 기록을 가지게 되었다.

이렇게 심혈을 기울였어도 사람이 하는 일이다 보니 문제가 생길 때도 있었다. 이를테면 『선조실록』은 북인 정권인 광해군 때 만들어졌기에 남인과 서인에게 적대적이다. 그 정도가 너무 심했기에 광해군이 몰락한 뒤 새로 정리되었으니 이것이 『선조수정실록』이다. 여기서 주목해야 할 점은 공정성에 문제가 생긴 기록이라 해서 이전 것을 깡그리 없애지 않고 고스란히 남겨 두었다는 점이다. 그래서 후대의 연구자들은 고치기 전의 것과 고친 후의 것이 어떻게 다른지를 살펴볼 수 있었고, 이런 과정을 통해 그 시대를 더 깊이 이해할 수 있게 되었다. 무엇보다도 『실록』이 있기에 지금 이 책도 나올 수 있게 되었으니, 이 얼마나 고마운 일인가.

『조선왕조실록』의 사소한 구석구석

– 이한

『조선왕조실록』을 읽다 보면 방대한 정보량에 입이 쩍 벌어진다. 거의 매일매일 새로운 내용이 기록되어 있으며 그 기록이 몇 백 년치가 쌓여 지금의 『조선왕조실록』이 되었다. 얼마나 많은 사건들이 있었기에 그렇게 많은 기록을 하게 되었을까? 『실록』 내용의 가장 큰 줄기는 이 기록의 간판스타인 임금과 그를 둘러싼 유명한 신하들의 화려한 나라 굴리기, 그리고 싸움이다. 하지만 그것만이 전부는 아니다. 오히려 그보다 더 많은 이야기들이 곳곳에 있다. 어느 시골에 살고 있는 백성의 사연이 실리기도 했고, 궁궐한 구석에서 튀어나왔다는 유령 이야기가 실리기도 했으며, 학교에서 말썽이 벌어졌다는 이야기, 가끔은 한성 사람들을 충격과 공포에 휩싸이게 했던 흉악 사건이 기록되기도 했다. 사회에 물의를 일으킬 정도로 격렬했던 남녀 간의 치정 사건도 빠지지 않았다. 인간 세상에 있을 법한 모든 일들이 『실록』 안에 있다.

그래서 『실록』을 읽다 보면 엄숙한 역사 기록이라기보다는 아주 먼 옛날에 나온 신문을 읽는 듯한 기분이 든다. 가판대에서 잘 보이는 1면에는 대문짝만 하게 정치 이슈를 실지만 그 다음 페이지부터는 사회 곳곳의 사건사고나 소문 등을 가득 적은 신문 말이다. 그렇기에 실록을 찬찬히 읽고 있노라면 우리에게 익히 알려져 있던 굵직굵직한 역사적 사건을 확인할 수 있는 동시에 "아니 이런 이야기도 있어?"라는 생각이 들 정도로 사소한 이야기도 있다.

조선시대 사람들은 무엇을 중요하게 생각했고 어떤 이야기를 나누었을까? 무엇을 입고 무엇을 먹었으며 학교에 가서는 무엇을 배웠을까? 명절때는 무엇을 하고 지냈으며 당시의 유행에는 어떤 것이 있었을까? 옛 사람들에게는 자연스러웠을 일상생활이 수백 년이 지난 지금은 생소하고 신기한 것이 되어 우리를 다시 찾아와 역사에 대한 흥미를 돋운다. 누군가는 이렇게 말할 수도 있다. "그런 걸 뭐하러 봐?"라고. 역사 교과서에 실려 있는 내용도, 역사 시험에 나올 만한 내용도 아닌데 말이다.

하지만 생각해 보자. 중요한 역사와 중요하지 않은 역사는 무엇을 기준으로 나누는 것일까? 왕의 삶과 왕이 시행한 정책, 당파 싸움 이야기 등 '정치의 역사'는 분명 역사의 뼈대이며 주류일 수 있다. 하지만 뼈와 뼈 사이를 이어주는 힘줄, 그 위를 감싸는 살이 있어야 뼈도 제 자리에 붙어있을 수 있고 생명력을 가질 수 있다. 왕과 신하들만 역사의 주인공처럼 보일 수 있겠지만 그들의 이야기를 한 꺼풀 걷어내고 보면 그 아래에 숨어 있는 훨씬 더 많은 사람들의 삶을 엿볼 수 있다. 어린아이부터 노인, 양반에서 천민에 이르기까지 다양한 백성들의 이야기를 말이다. 어쩌면 역사의 조연처럼 보이지만 그들 없이는 어떤 역사도 구성될 수 없었을 것이다. 각각의 삶에서 그들은 당당한 주인공이었고, 그런 다양한 삶들이 모여 한 시대가 되었다.

그러면 다시 『조선왕조실록』을 보자. 마냥 위대하고 엄중한 기록이라고만 생각해왔던 『실록』은 사실 아주 다채롭고 재미있는 이야기책과 다를 바 없다. 옛 사람들이라 해서 늘 엄숙하고 진지하기만 하지는 않았다는 것, 지금 우리들과 큰 차이 없이 울고, 웃고, 싸우고, 실수하며 살았다는 것을 보여준다. 이런 이야기들이 기록으로 남아 역사의 일부가 된 모습을 본다면, 지금 별 의미 없이 지나쳐 보내는 우리의 하루하루도 언젠가 역사가 될 수 있다는 것을 깨닫게 될 것이다. 지금 유행하는 옷, 인기 있는 음식, 우리 동네에서 있었던 사건 사고, 내가 걷고 있는 이 거리에 대한 기록이 영원히 후대에까지 전해질지 어떻게 알겠는가?

사람들은 자신이 역사의 주인공이 될 수도 있다는 사실을 종종 잊고 산다. 그러나 역사란 늘 특출한 개인의 위대한 성과만을 담지는 않는다. 시대는 한 사람이 이끄는 것이 아니라 사회 전체의 흐름이 만들어가는 것이며, 그래서 역사의 세계는 바다에 비교될 정도로 깊고도 넓다. 잠시 왕실 패밀리를 벗어난 『조선왕조실록』 3권을 읽으며, 많은 사람들이 이 순간 내가 하는 일이 역사를 구성한다는 사실을 마음 깊이 느껴주었으면 한다.

무적핑크(변지민)

작가의 말

 무적핑크(변지민)

안녕하세요, 무적핑크입니다.

웹툰에 이어 책으로, 1권 〈조선 패밀리의 탄생〉, 2권 〈조선 패밀리의 활극〉에 이어 3권 〈조선백성실톡〉으로 여러분들을 뵙게 되어 정말 기쁩니다.

지난 1권과 2권의 주인공은 왕실 가족들이었습니다. 특히 태정태세문단세~로 이어지는 왕과 왕자들의 에피소드를 주로 다루었는데요. 하지만 로얄 패밀리만이 기록유산 『조선왕조실록』에 등장하는 것은 아닙니다. 조선시대를 활기차게 살아간 또 한 무리의 주연들이 있으니, 바로 조선의 백성들입니다.

백 가지(百) 성씨(姓)를 일컫기에 백성(百姓)이라고 합니다. 궁궐과 관청에서 일하는 관료, 성균관에서 공부하는 유생, 물건을 떼어다 파는 보부상, 혹은 김을 매고 씨를 뿌리는 농부 등등. 백성들은 말 그대로 백가지, 천 가지 모습으로 자신들의 삶을 열심히 살아갔습니다.

공부가 싫어 게으름을 부리고, 성적이 떨어져 고민하고, 여자친구, 혹은 남자친구를 사귀고 싶어 한껏 멋을 부려보고. 이처럼 때로는 기뻐하고, 때로는 슬퍼하는 조상님들의 모습은 요즘을 살아가는 우리와 꼭 같습니다. 그런 조선시대 옛 분들의 일상을 『조선왕조실톡』으로 들여다보며, 공감하고, 끄덕이고, 또한 웃으셨으면 좋겠습니다. 고민거리가 있어 머리가 복잡한 독자님께는, 조상님들께서 자그마한 힌트라도 드릴지 모르지요.

네이버에서 연재중인 〈조선왕조실톡〉은 옴니버스 웹툰이지만, 이 책에서는 읽는 분들의 편의를 위해 원고를 네 가지 주제로 재정리했습니다. 또한 만화에 곁들여진 멋진 글 〈실록 돋보기〉가 여러분께 재미는 물론 알찬 지식도 선물해 드릴 것입니다.

이 책과 이 책 속의 사람들이, 여러분의 좋은 친구가 되기를 바랍니다.

즐거운 대화 시간 가지시길 빕니다.

 P.S. 묘호는 왕이 승하한 후 붙이는 이름이지만, 책에서는 편의상 서로 묘호로 부릅니다. (예:세종, 태종)

차례

 **1부** **직장 생활 탐구**

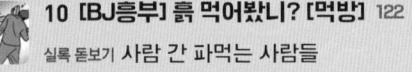 **2부 라이프 스타일 탐구**

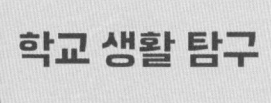 **3부** **학교 생활 탐구**

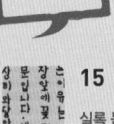

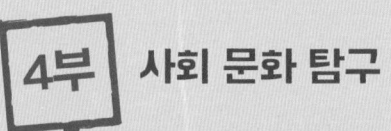

4부 | 사회 문화 탐구

조선시대 그분들의
시시콜콜한 이야기

인생 살다 보면
별일이 다 일어난다.

그러니까 이런 일도
일어날 수 있다고 생각한다.

**어느 날 갑자기
모르는 사람이 나를 친추했다.**

구 가

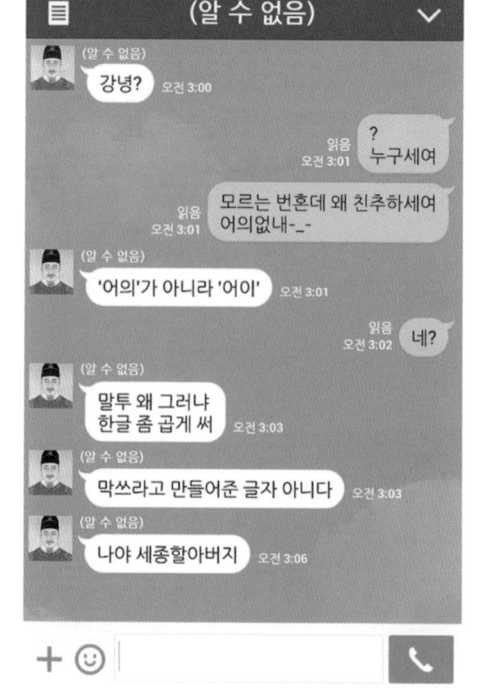

그리고 갑자기 쏟아지는
친구신청 알람.

놀라서 친구목록을 확인한 나는,
쯤 놀랐다.
아니 많이 놀랐다.

오후 9:17		
편집	친구	👥+

Q 검색

프로필

나	심심하당/고양이 짱좋와

친구

태조	조선 스타트업/방원이 간나자식
세종	백성 ♥ /한글패치 배포중/고기팟 모집중
양녕대군	자유롭고싶다
황희	쉬고싶다 ㅠㅠ
연산군	녹수 넌 내편이지?
이순신	왜적 잡기보다...사회생활이 더 힘들다...
영조	아들 없어요
고종	커피 한잔의 여유
순종	미안합니다

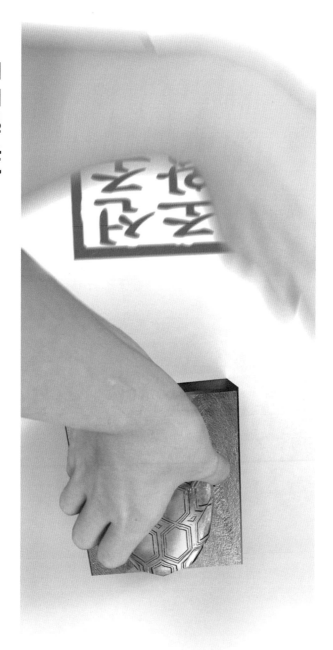

아는 만큼 진짜지 메시지로 환인,

조선시대 그곰돌이
시시콜콜 시각 이야기

시 규학문 다.

1부

직장 생활 탐구

열심히 공부해 과거 합격! 오늘부터 조선의 고위 관리!
이제부터 내 인생 고생 끝, 행복 시작이겠지?
그러나 조선시대에도 직장 생활의 고충은 있었다!

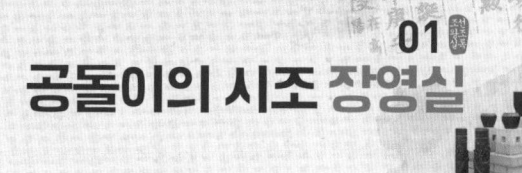

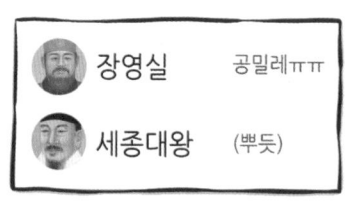

장영실	공밀레ㅠㅠ	
세종대왕	(뿌듯)	

요즘 공대가
잘나간다고 들었다.

뿔테

기계식
키보드

폴로 남방

[호군 장영실蔣英實]

엔지니어, 발명가, 개발자, 금속전문가.
천한 노비였으나, 세종대왕의 브레인이 됨.
위인전 아이돌.

※호군 : 정4품 고위관료

그래서 그런가?
내 위인전이 학부형들 사이에서
인기라고 한다.

자녀가 나처럼
'성공한 공돌이'가 되었으면
하는 마음에.

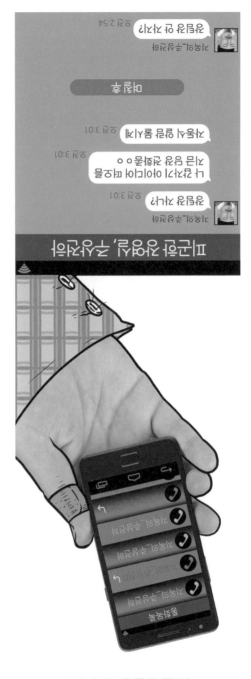

......

우리의 일상에 톡톡, 아이가 인기됐고 아름답게 하루를 마치시죠?

회의하세
전화좀 오전 2:54

물시계건으로 ㅇㅇ 오전 2:54

며칠 후

지옥의_주상전하
장팀장 오전 3:02

ㅈㅎ 오전 3:02

\+   ☺ 전송

그럼 그냥
에디슨 위인전을 사세요ㅠ

거기다 내 책에서 나, 하나같이
우아하게 토론하거나
설계도 좀 끄적이고 있더라?

하지만, 그거 아니다.
나 정말 갖은 일 다 했다.

발명은 업무의 일부분일 뿐,
진짜 전하께서는

날 도라*몽처럼 부리셨다고!

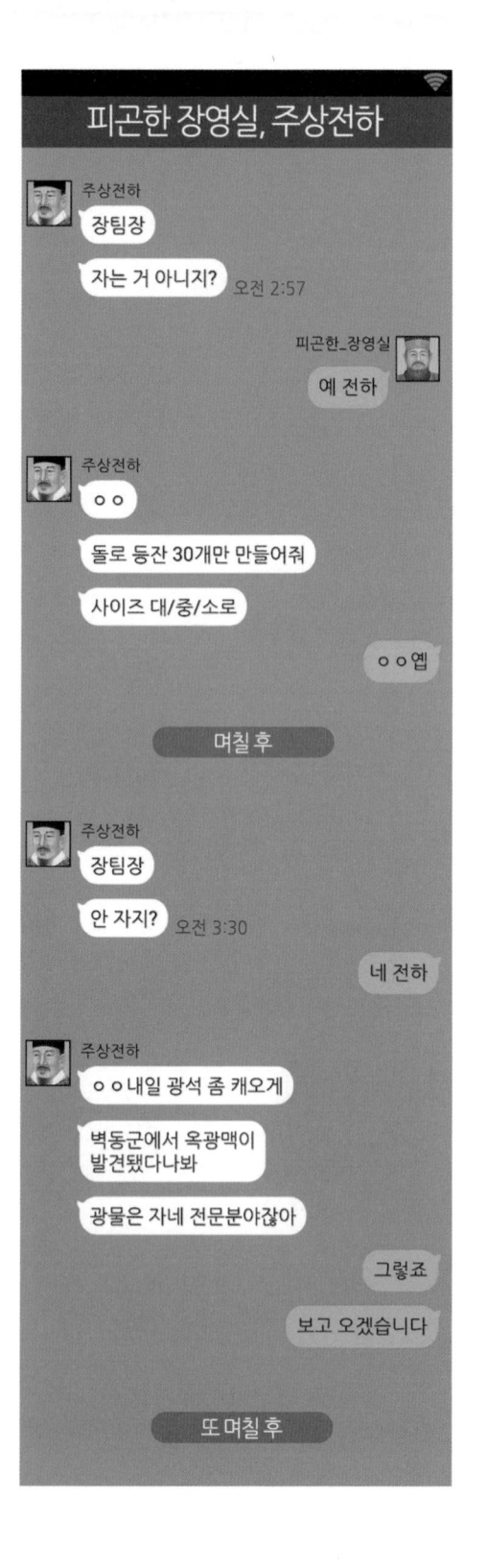

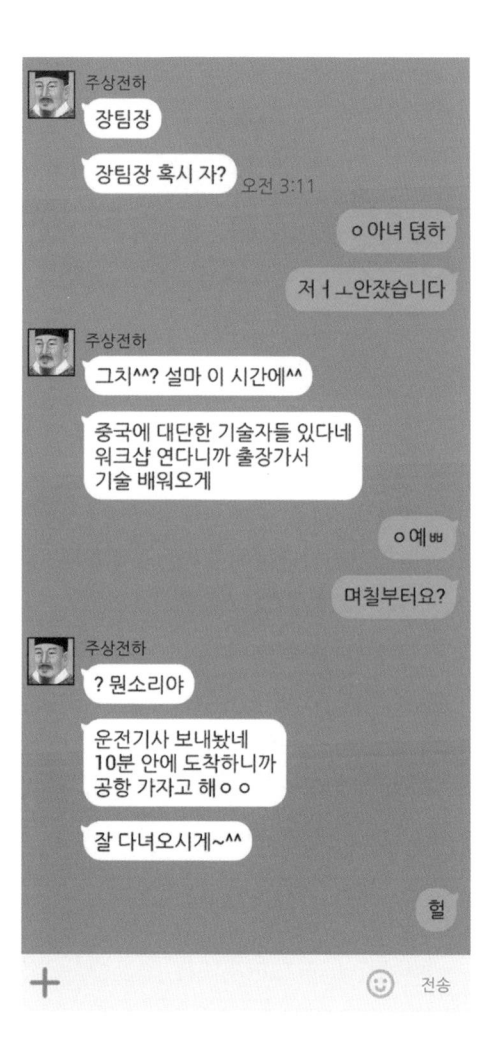

주상전하
장팀장
장팀장 혹시 자? 오전 3:11

ㅇ아녀 덦하

저ㅓㄴ안잤습니다

주상전하
그치^^? 설마 이 시간에^^

중국에 대단한 기술자들 있다네
워크샵 연다니까 출장가서
기술 배워오게

ㅇ예ㅃ

며칠부터요?

주상전하
? 뭔소리야

운전기사 보내놨네
10분 안에 도착하니까
공항 가자고 해ㅇㅇ

잘 다녀오시게~^^

헐

+ ☺ 전송

인간적으로_1등석은_끊어줬어

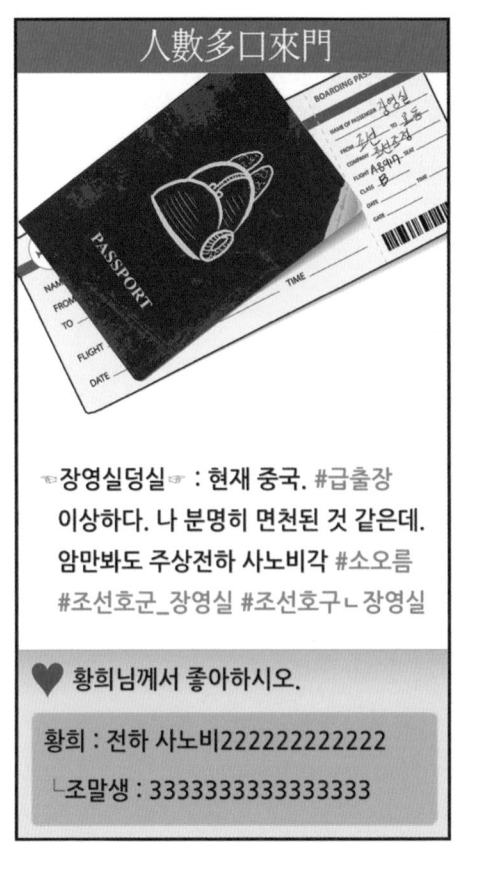

人數多口來門

━◉장영실덩실◉━ : 현재 중국. #급출장
이상하다. 나 분명히 면천된 것 같은데.
암만봐도 주상전하 사노비각 #소오름
#조선호군_장영실 #조선호구ㄴ장영실

🖤 황희님께서 좋아하시오.

황희 : 전하 사노비222222222222

ㄴ조말생 : 3333333333333333

거기다 세종대왕이 누구신가?

은퇴한 황희 대감도
재활용해 쓰시는
공포의 연쇄과로마 아니신가!

[자격루]

자동 물시계 만들어드렸더니,
포상 휴가는 커녕

"물 다음은 불이겠군ㅎ?"
"우주 해시계 콜ㅋ?"

[혼천의 : 천체관측기구]

힘들었다.
힘들었어……

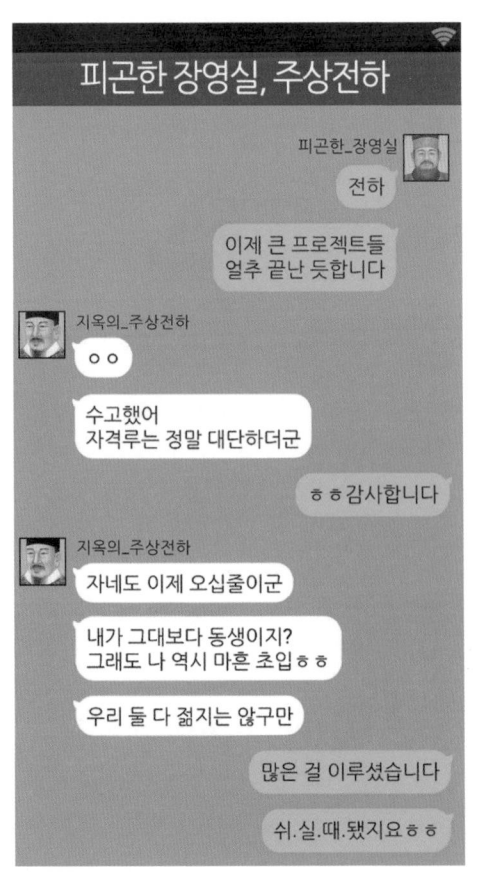

지옥의_주상전하

ㅎㅎ그치?

그래서말인데

주상전하님께서 세자저하님을 초대하셨습니다

지옥의_주상전하

이제 내 아들이랑 노시게

아들ㅎㅎ장팀장 알지?

세자저하(문종)

그럼요^^

정말 먹음직스러운ㄴ

이 아니라 믿음직스러운 인재입니다

헐

지옥의_주상전하

그치? 참 그때 그 아이디어 있잖니
빗물 받아서 강수량 재자는거

측우기라고 했던가?
그거 장팀장한테 설명해줘라

ㅜㅜㅜㅜㅜㅜㅜㅜㅜㅜ

지옥의_주상전하

이 친구가 다 만들어준다^^

잔인한 오너일까ㅜㅜ

끝.

실록에 기록된 것 /정사 正史

- 1425년(세종 7) 장영실, 석등잔 30개를 세종에게 의뢰받다.
- 1432년(세종 14), 청옥광맥을 발견하여 장영실에게 채굴을 담당하라 명하다.
- 1434년(세종 16), 기존의 물시계를 개선한 자격루(스스로 종치는 시계) 제작되다. 오차가 많았던 수동 알림을 대체해 백성들 삶에 큰 변화 가져오다.
- 1437년(세종 19), 장영실에게 제련술과 "돌멩이를 제련하여 금을 만드는 기술" 배워 오라며 요동에 출장 보내다. 그러나 큰 소득은 얻지 못하다.
- 자격루를 발표한 다음날, 장영실에게 활자를 주조하라고 명하다.
- 1438년(세종 20), 장영실 천체관측기 혼천의를 비롯, 시계들을 종합 설치한 흠경각 짓다.
- 1441년(세종 23), 문종 측우기 발명하다.

기록에 없는 것 /픽션

- 기계식 키보드는 없었다.

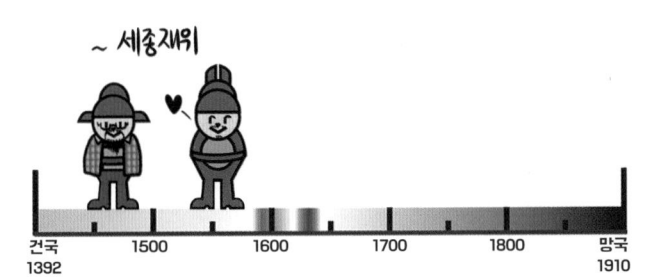

~ 세종재위

건국 1392   1500   1600   1700   1800   망국 1910

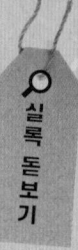

- 첫 번째 이야기 -

공돌이라고? 문돌이도 있습니다

『조선왕조실록』 중에서 가장 양이 많은 것은 어느 왕의 실록일까? 정답은 『세종실록』이다. 『세종실록』에는 다른 왕들의 실록에는 없는 4개의 부록이 있다. 바로 『오례五禮』, 『악보樂譜』, 『지리지地理志』, 『칠정산내외편七政算內外篇』이다.

이것이 무엇이냐? 먼저 『오례』란, 결혼에서부터 장례까지 모든 예식 절차를 정리한 것으로 이를 통해 조선은 비로소 제대로 된 유교 국가로서의 정체성을 갖게 되었다. 그 전까지는 뭐 하나 하려면 중국 것을 따라하거나, 아니면 주먹구구식으로 하기 일쑤였지만 비로소 절차가 생긴 것이다. 『악보』는 음악 및 춤을 정리한 것인데 이제까지 중국의 음악을 대충 흉내 내 쓰고 있던 한반도 음악사의 현지화 및 체계화이자 혁명이었다. 『지리지』는 당시 조선 팔도 곳곳의 지명과 내력, 특산물들을 모두 정리한 백과사전으로 지금까지도 조선을 알고자 하는 사람들에게 많은 이야기를 전해주고 있다. 『칠정산』은 더 말하면 입이 아플 정도인 과학계의 혁명으로 조선의 사정에 맞춘 달력이었다.

이 부록들은 한반도 역사상 최초로 정리된 것들로 분량도 어마어마하지만 내용의 질이 무척 높아 하루아침에 만들어질 수 있는 책이 아니다. 오랜 공부와 자료 수집 끝에 정리해도 될까 말까 한 것들인데 이 많은 지식의 보고들을 세종 치세 단 1대에 정리했다는 것부터 놀라운 일이다.

세종대왕 때 만들어진 지식의 결정체들은 이뿐만이 아니었다. 고려의 500년 역사를 정리한 『고려사』, 의술 및 약재들을 정리한 『향약집성방』과 『의방유취』, 농사를 정리한 『농사직설』, 그리고 조선-중국-일본의 음운학을 정리한 『동국정운』, 법전인 『속육전』 편찬, 군사학의 『역대병요』에다가 법의학 『신주무원록』, 그 외의 다양한 분야에서 수많은 책들이 펑펑 쏟아져 나왔다. 말 그대로 지식이 강물처럼 넘치다 못해 바다가 되어버렸으니 이것이 조선 최고의 문화 융성기인 세종 시대다.

이걸 다 누가 했느냐? 가장 먼저 손에 꼽아야 할 것은 역시 집현전이다. 흔히 한글을 만들었다고 '잘못' 알려진 집현전. 그들은 한글'만' 만든 게 아니었다. 모든 지혜를 모은 전당이라는 곱고도 고운 이름의 이 기관은 이미 고려 때부터 있었는데, 세종은 이곳을 조선의 지성 수준을 한 단계 끌어올리는 프로젝트의 지렛대로 만들었다.

그래서 과거에서 갓 합격한 따끈따끈하고 빼어난 인재들을 집현전에 넣고 예뻐하며 키웠다. 숙직하다 잠들면 어의를 벗어 덮어주기도 했고 맛난 음식을 보내주기도 했으며 파격적인 휴가를 보내주기도 했다. 동시에 이들을 다른 부서에 보내지도 않았으며 아예 정치에도 관여하지 못하게끔 했다. 그런 곳에 신경을 쓰다보면 공부에 집중하지 못할 테니 말이다.

세종대왕에게 이렇게 사육, 아니, 육성된 집현전의 인물이 성삼문, 박팽년을 비롯한 사육신들과 변절의 상징 숙주나물 신숙주 등등이다. 이들은 당대의 빼어난 젊은 천재들이었고, 이 수많은 문돌이들이 청춘과 맞바꾸어 조선의 문화 발전을 이루어냈다. 성삼문은 요동에 귀양 나와 있던 음운학자를 만나기 위해 해외출장을 무려 열세 번이나 다녀야 했고, 신숙주는 일본 및 중국에서 음운학 자료를 모아 왔다.

"음운학이 뭔데? 그게 돈이 되나?" 요즘 사람들은 오히려 이렇게 말할지도 모른다. 당장 이익이 나지 않는다는 이유로 어떤 부류의 사람들에게는 세상에 하등 쓸모가 없어 보이는 학문. 세종의 독단으로 예산과 국력을 쏟아부어 국책 사업으로 선정해 젊은 학자들을 투입한 이 프로젝트의 결과물이 바로 한글이다. 인문학이 사회를 발전, 유지시키기 위한 중요한 동력임을 보여주는 사례다.

안타까운 점이 있다면 이렇게 한곳에 모여서 공부만 했던 집현전 출신 사람들의 현실 감각이 좀 모자랐다는 것. 따라서 그들이 계획한 단종 복위 운동은 실패로 돌아갔으며 그들이 계유정난으로 몰살당하고 집현전이 폐쇄된 뒤 조선 문화의 황금기는 다시 돌아오지 않았다.

02

100일간의 출산휴가

언년이(천것)	♥곧엄마♥
개똥이(천것)	♥곧아빠♥
세종	짝짝짝^_^

하 나 요 **축하와 눈치**

1434년,
세종 16년 경복궁.

327 경복궁
Gyeongbokgung

수라간의 설거지 담당 노비
'언년'은, 오늘
출근을 하지 않았는데.

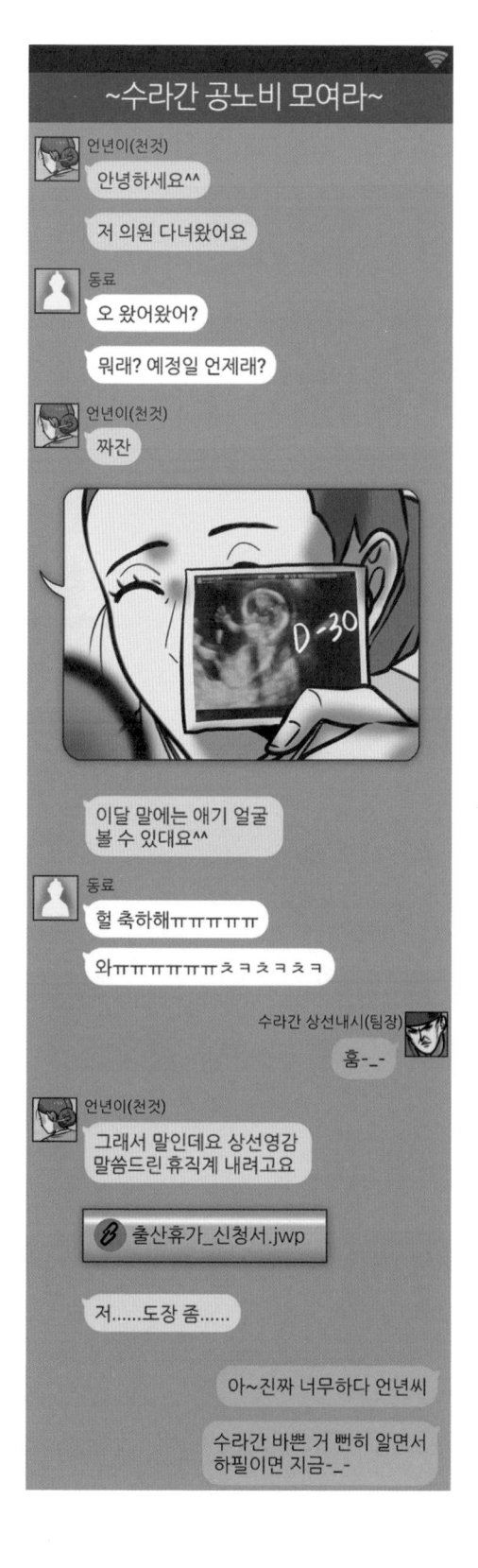

언년이(천것)
아......

축하는 하는데~진짜~

참 이기적이다~

너무해~

언년이(천것)
죄송해요 영감ㅠ

주상전하
거참 도장 하나 찍는데 말이 많네

언년씨 그거 내가 찍어줄게
서류 대전으로 가져와

꼭 매니저 도장이어야 해?
어보도 되지?

헐

＋   ☺ 전송

※상선내시 : 임금의 수라 등을 책임지는 우두머리 내시.

둘이요 100일

주상전하, 수라간 상선내시

세종 16년

주상전하님께서 상선님을 초대하셨습니다

주상전하
자네 왜 그래?
내가 어명했잖아 4년 전에

1430년 명 선덕(宣德) 5년
(1)관노비(여성) 출산휴가
관청에서 근무하는 여종[婢]이 아이를 낳을 경우,
출산하는 달 및 아이를 낳은 후 100일까지
업무를 쉴 수 있다.

근데 왜 눈치 줘?
자네 역적이야^^?

수라간 상선내시(팀장)
아니 전하
저도 당연히 축하는 하죠;;;

근데 왜 하필
제일 바쁠 때에 쉬냐고요ㅠㅠ

주상전하
엄살은ㅎ
우리가 안 바쁜 적 있었나?

봄에는 봄이라 여름엔 여름이라
가을엔 가을이라 겨울엔 연말이라

1년 365일 바쁘지 뭐ㅇㅇ

아 전하ㅜ

거기다 더 괘씸한 게 뭔 줄 아십니까?

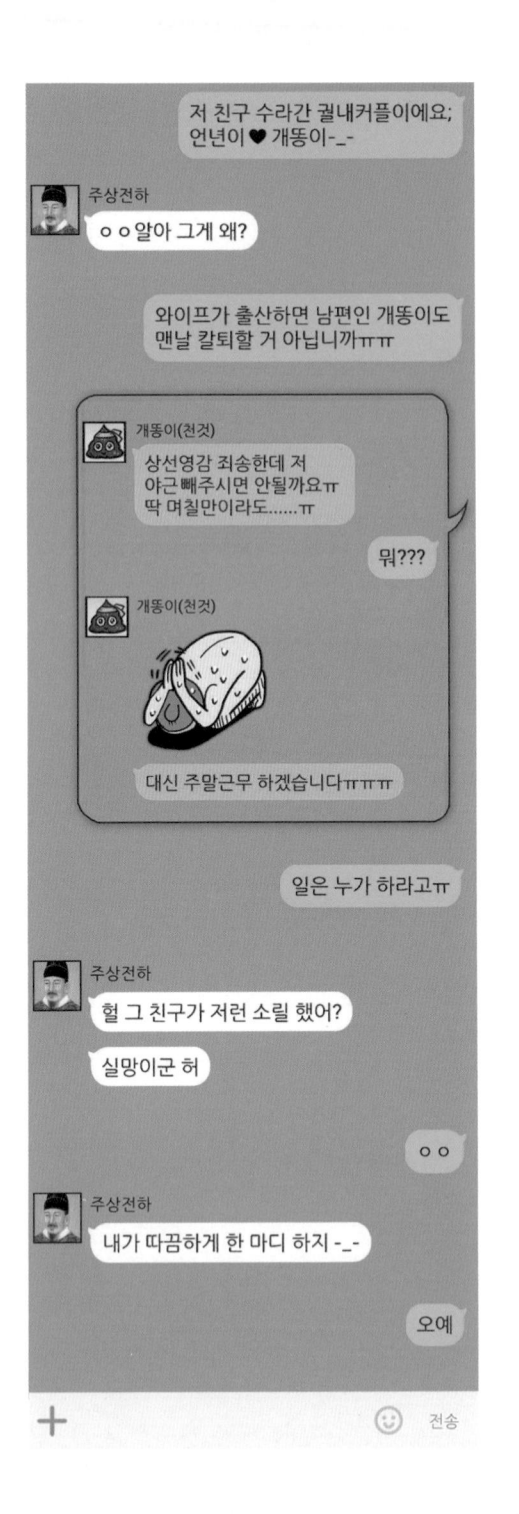

저 친구 수라간 궐내커플이에요;
언년이 ❤ 개똥이-_-

주상전하
ㅇㅇ알아 그게 왜?

와이프가 출산하면 남편인 개똥이도
맨날 칼퇴할 거 아닙니까ㅠㅠ

개똥이(천것)
상선영감 죄송한데 저
야근 빼주시면 안될까요ㅠ
딱 며칠만이라도......ㅠ

뭐???

개똥이(천것)

대신 주말근무 하겠습니다ㅠㅠㅠ

일은 누가 하라고ㅠ

주상전하
헐 그 친구가 저런 소릴 했어?

실망이군 허

ㅇㅇ

주상전하
내가 따끔하게 한 마디 하지 -_-

오예

+ ☺ 전송

셋이요 +30일

주상전하, 수라간 상선내시, 개똥

주상전하님께서 개똥이님을 초대하셨습니다

개똥이(천것)
헐 전하

어인일로;;;;

주상전하
자네

와이프 출산 때문에 출근은 하되
야근은 어렵다고 했다며

-_-이거 아주 몹쓸 사람이네?

수라간 상선내시(팀장)
쯔쯔

개똥이(천것)
ㅠㅠㅠㅠ죄송합니다ㅠㅠㅠ

저나 언년이나 노비 출신이라
가족들 다 출근해야 해서
도와줄 사람도 없고요ㅠㅠㅠ

제가 저녁에라도 꼭
곁에 있어야 합니다ㅠㅠㅠ

이긍-_-

주상전하
됐어 듣기 싫네
아주 실망이야

자네 30일간 출근 금지-_-

개똥이(천것)
예?

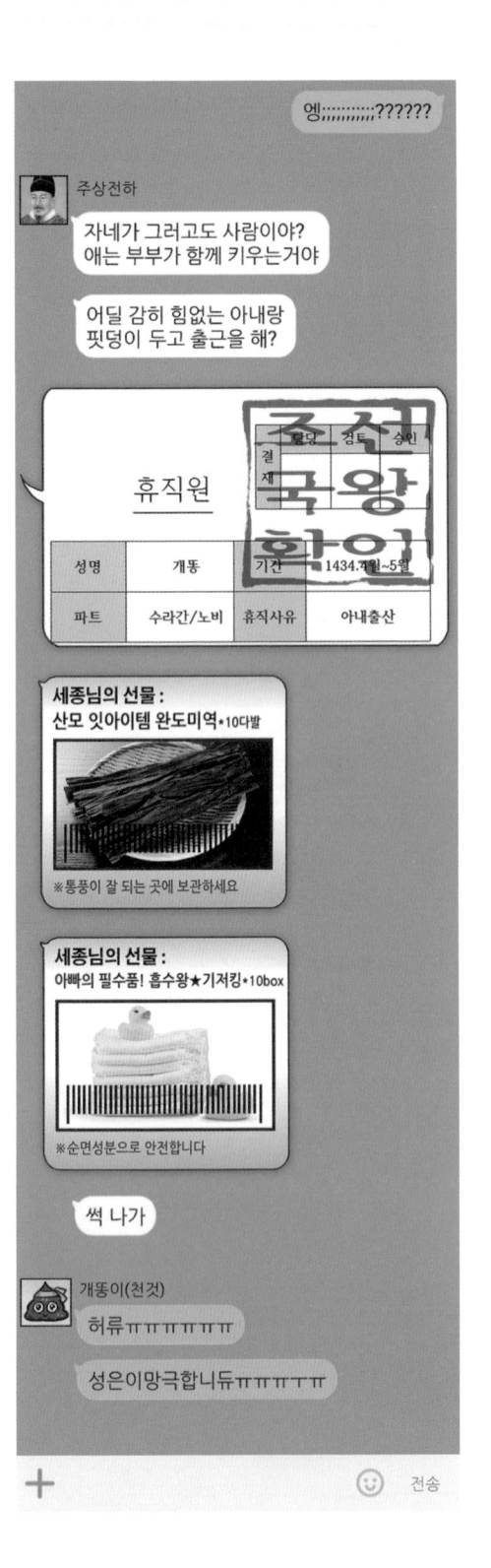

엥:::::::::::?????

주상전하

자네가 그러고도 사람이야?
애는 부부가 함께 키우는거야

어딜 감히 힘없는 아내랑
핏덩이 두고 출근을 해?

휴직원	

성명	개똥	기간	1434.1월~5월
파트	수라간/노비	휴직사유	아내출산

세종님의 선물 :
산모 잇아이템 완도미역*10다발

※통풍이 잘 되는 곳에 보관하세요

세종님의 선물 :
아빠의 필수품! 흡수왕★기저킹*10box

※순면성분으로 안전합니다

썩 나가

개똥이(천것)

허류ㅠㅠㅠㅠㅠㅠ

성은이망극합니듀ㅠㅠㅠㅠㅠ

+ ☺ 전송

"세종 12년, 엄마 공노비에게
100일 이상의 출산휴가 주다."

"세종 16년, 아빠 공노비에게도
30일간의 휴가를 함께 주도록 하다."

 안면장부

언년♥개똥님 : 애기 백일잔치^^
바쁘신 상선 어르신도 와주셨는데...
애기야...혹시 배 속에서 들은거니?#복수

 세종님 외 17분께서 좋아하십니다.

세종 : 영재로다^_^

#뿌듯

도와주셔서
감사합니다.
나리.

별말씀을.

정사 正史

- 1430년(세종 12) 10월, 34세의 세종 "관청에서 일하는 여종이 아이를 낳을 때 주던 7일간의 휴가를 100일로 늘리라" 명하다.
- 세종 12년, "만삭의 몸으로 일하다 일찍 아이를 낳고 마는 경우도 있으니 출산하기 전 미리 1개월간 쉴 수 있게 하라" 명하다. 악용할 수 있다는 말에 "그래 봐야 겨우 한 달 아닌가" 하다.
- 1434년(세종 16), 애 아빠에게도 30일간 휴가 주도록 하다. "엄마에게 휴가를 줘봤자 남편에게 일을 시키면 산모를 보살필 수 없지 않나. 부부는 서로 돕고 구하는 것인데 (함께 쉬지 않으면) 이 뜻에 어긋난다."

픽션

기록에 없는 것

- 초음파 사진은 없었다.

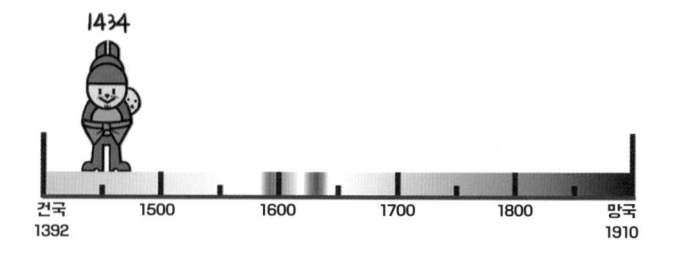

1434

건국 1392　1500　1600　1700　1800　망국 1910

조선왕조실톡

출산휴가? 출산노동!

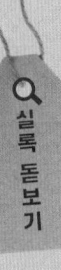

출산휴가라고 하면 아이를 낳고 쉬는 시간인 줄 알지만 천만의 말씀이다. 엄청나게 오랜 산고와 출혈에서 미처 회복할 사이도 없이 밤낮 가리지 않고 2시간 단위로 깨며 울어젖히는 갓난쟁이를 돌보는 일이란 제대로 된 몸조리는 고사하고 식사와 수면을 포기해야 하는 피폐한 삶으로의 다이빙이기 때문이다. 그렇기에 이름은 출산휴가이지만 실제로는 출산노동이라는 우스갯소리도 있다. 그만큼 갓난아이를 키우는 일은 다른 일과 병행하기 어렵기에 아이를 돌보는 데 집중할 수 있는 최소한의 시간을 주는 것일 뿐, '휴가'라는 말의 본질적 뜻과는 거리가 멀다.

세종 시기 노비들에게 주어진 출산휴가는 그 내용이나 질이 현대적 시각에서도 파격적이었기에 실제로 시행되기는 했을까, 얼마나 지속되긴 했을까 같은 의문이 들기는 하지만 애초에 이런 문제가 언급되었다는 것 자체가 놀라운 일이다. 2016년의 대한민국에서는 저출산 시대라고 책상을 쿵쿵 두드리면서도 임신과 출산을 이유로 일자리를 빼앗기고 쫓겨나는 여성들의 이야기를 접하니 말이다.

세종대왕은 슬하에 22명의 자식들이 있었다. 그중 정실인 소헌왕후 심씨와의 사이에서 얻은 자식은 아들 여덟, 딸 둘로 모두 열 명이었다. 이는 조선 왕조에서 정실에서 얻은 자식 중 최대 기록이다. 아이들이 태어난 시기는 다음과 같다.

정소공주 1412년 출생
문종 1414년 10월 출생
정의공주 1415년 출생
수양대군(세조) 1417년 9월 출생
안평대군 1418년 9월 출생

임영대군 1420년 1월 출생
광평대군 1425년 5월 출생
금성대군 1426년 3월 출생
평원대군 1427년 11월 출생
영응대군 1434년 4월 출생

늦둥이로 한참 늦게 태어난 영응대군을 빼고는 아이들의 출생 시기가 다닥다닥 붙어 있다. 수양대군과 안평대군은 연년생, 광평대군과 금성대군, 평원대군은 트리플 연년생이다. 아무리 왕비라곤 하지만 제대로 산후조리는 했을까? 휴가는 없었나? 이런 생각이 절로 드는 아이들의 출생 사이클이다.

소헌왕후 심씨가 당시 충녕대군이던 세종과 결혼한 것은 14세의 꽃다운 나이. 그런데 애가 열 명이니 임신 기간만 대략 10년. 인생의 상당 기간을 임산부로 보내야 했던 것이다. 소헌왕후는 인생의 중요한 이벤트 때마다 임신 중이었다. 세종이 왕이 되기 전에 이미 세 명의 아이를 낳았는데, 즉위식을 치를 때 만삭이었고 한 달 바로 뒤에 아이를 낳았으니 그게 안평대군이었다. 이후 친정아버지 심온이 사약을 받고 죽었을 때는 뱃속에 임영대군이 있었고, 1426년 한성에 대화재가 벌어졌던 때는 역시 만삭으로 금성대군을 임신하고 있었다.

물론 세종은 한 나라의 임금이었기에 교육비나 결혼 비용을 염려할 필요는 없었다. 아이를 돌봐줄 사람도 얼마든지 구할 수 있었다. 그렇다고는 하나 거듭된 임신과 출산은 소헌왕후에게 역시 힘든 일이었을 것이다. 세종은 대군 시절부터 부인을 극진하게 아끼기로 이름난 애처가였다. 사랑하는 부인이 거듭된 임신으로 고생하는 것을 지켜보며 많은 것을 느꼈을 것이다. 따지고 보면 부인이 고생하는 원인이 본인이기는 했지만.

아무튼 세종은 아이와 아이를 낳고 힘들어하는 어머니 모두를 잘 돌보는 것이 중요하다고 생각했고, 그 생각의 영역을 자신의 부인뿐 아니라 천한 신분의 노비들까지 넓혔다. 세종의 위대한 공감 능력을 다시 한 번 확인할 수 있는 이야기다.

P.S. 소헌왕후의 비서였다가 후궁이 된 신빈 김씨는 8명의 아이를 낳았다. 조선왕조실록

03

이순신의 싸이코 길들이기

이순신(충무공)	지피지기 백전백승
명나라 진린	눈깔어ㅗ

어쩌지?
이걸 어쩌지;;;;;?

[선조 대의 명재상 유성룡]
충무공 이순신을 발굴한 인물.

[속보]명나라 장수 진린, 조선인 학대

"조선인은 개"…명 장수 "진린"부대에서
우리 군사가 개줄에 묶여 질질 끌려다니고 있다.

이 사건에 네티즌이 분노하고 있습니다…(중략)

피해자 얼굴 피범벅되어 현재 치료중…(중략)

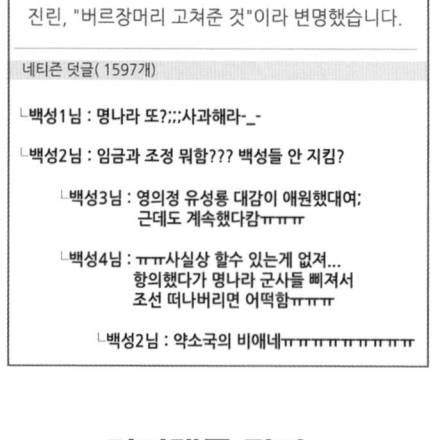

진린, "버르장머리 고쳐준 것"이라 변명했습니다.

네티즌 덧글(1597개)

└백성1님 : 명나라 또?;;;사과해라-_-

└백성2님 : 임금과 조정 뭐함??? 백성들 안 지킴?

　└백성3님 : 영의정 유성룡 대감이 애원했대여;
　　　　　근데도 계속했다감ㅋㅋㅋ

　└백성4님 : ㅠㅠ사실상 할수 있는게 없져...
　　　　　항의했다가 명나라 군사들 삐져서
　　　　　조선 떠나버리면 어떡함ㅠㅠㅠ

　　└백성2님 : 약소국의 비애네ㅠㅠㅠㅠㅠㅠㅠㅠㅠ

미치겠군 진짜;;;
이걸 어쩌면 좋지???

틀렸다.
조선은 망했다.

호랑이가 채식을 하고 말지,
'그 전설의 이순신'이
자존심을 굽히겠냐고ㅠ!!!

아악!

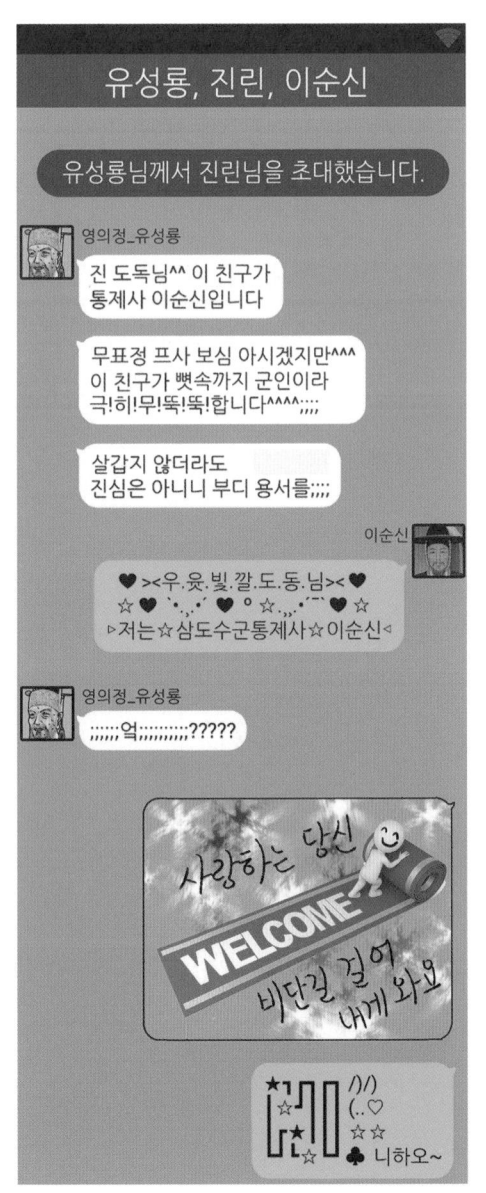

★=수군에 오신걸 환영해요>〈=★

＋   ☺ 전송

둘이요 우ㅉㅜㅉㅉㅜ ㅉㅜ

그 뒤에 이어진
순신의 행동은 가히 쇼킹했다.

이게 진짜;;;
내가 알던 그 이순신이라고?

정말;;;;;???

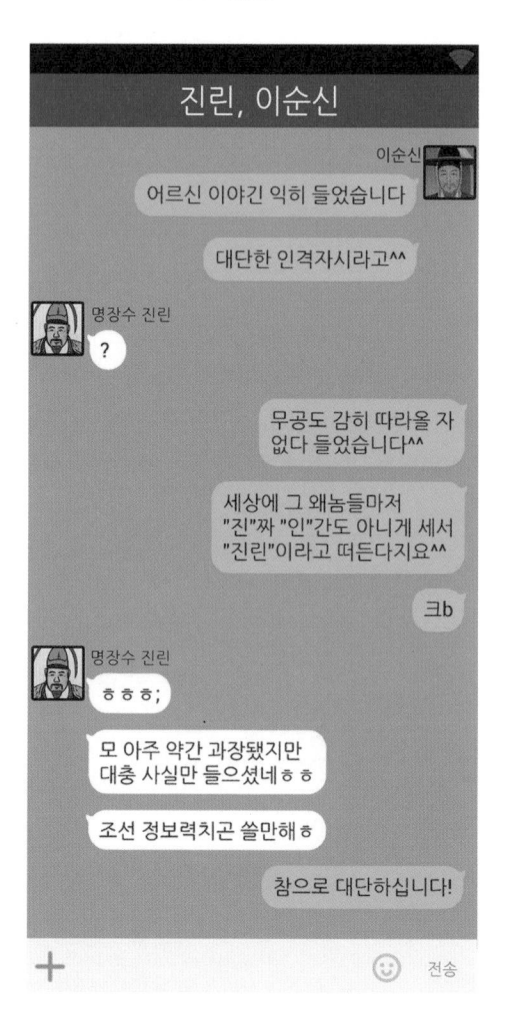

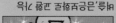

쏙쏙 꺼내 쓰시지요ㅎㅎ

명장수 진린
ㄲㄲㅠㅠㅠ

온갖 사탕발림에
선물 공세까지.

그뿐인가? 진린이
전투 중 죽을 위기에 처하자,

진린, 이순신

명장수 진린
순ㅁㄴ신공ㅊㅇㄴ

ㅅ살ㄹㅇㅎㄹ려조ㅝ

나조ㅗㅁㅅㄱ살려조ㅓ

이순신
좀만기다리십시오금방갑니다

＋   ☺ 전송

셋이요
밀당의 대가

참으로 대단하지.
이제 상황이 뒤집혔다.

진린이ㅋ
순신의 광팬이 된 것이다.

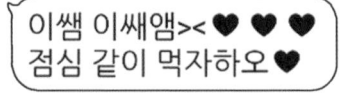

이쌤 이쌔앰><♥ ♥ ♥
점심 같이 먹자하오♥

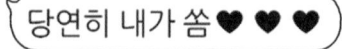

당연히 내가 쏨♥ ♥ ♥

그리고 이 타이밍에 순신
이 친구가……ㅋㅋㅋㅋㅋ

아, 자넨 진짜 천재야!

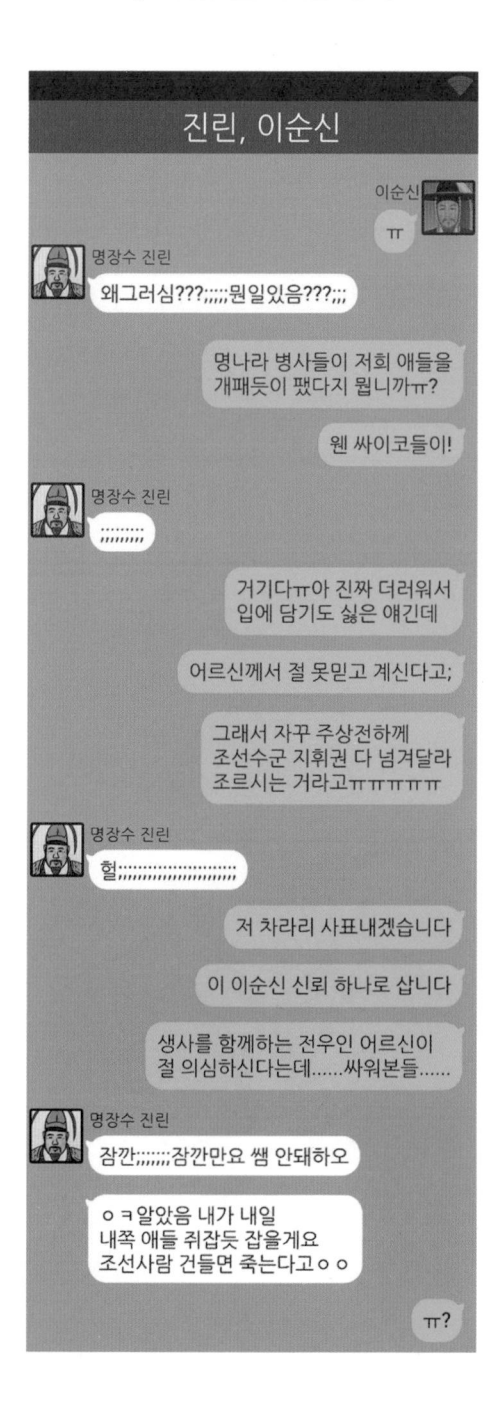

"적을 칼로만 벨 수 있는 건 아니다."

-그날 업데이트 된
충무공 이순신의 상태 메시지

그리하였다고 한다.

끝.

실록에 기록된 것

- 명 도독 진린의 부대에서 조선 군사 학대 사건이 빈발하다. 영의정 유성룡이 하지 말라고 했으나 아랑곳 않다.
- 진린, 탐욕스럽고 군공에 집착한다고 조정 대신들이 탄핵하다. 그러나 명나라 심기를 거스를 수 없어 별다른 조치 취하지 못하다.
- 진린, 수군도독으로 이순신과 함께 일하게 되다. 유성룡, "이제 조선은 반드시 전쟁에 질 것이다. 이순신 그 친구 성격에 진린 같은 사람을 눈감아 주겠는가" 한탄하다. -『징비록』
- 그러나 이순신, 진린이 온 첫날부터 돼지, 해산물 등을 대접하며 잔치 벌이다. 진린을 몹시 칭찬하니 진린도 이순신을 "진정한 명장이다" 칭찬하다. -『징비록』
- 이순신, 왜적의 수급(머리)을 진린에게 40개 나누어주다. 진린, 매우 기뻐하다. 이순신, 전투 중 위험에 처한 진린을 구해내다.
- 진린, 이순신을 늘 칭송하며 말을 탈 때도 나란히 달리다. 이순신을 "어르신"이라고 높여 부르다. -『징비록』
- 이순신, 명나라 병사들 횡포 호소하다. 그러자 진린, 조선인 괴롭히는 자를 곤장 치다. -『징비록』
- 이순신, "진린이 탐욕스럽고 수군을 더러 방해한다. 그러나 (우리가 욕하는 것을) 명나라가 알면 안 되니, 전투 보고서를 앞으로 두 장씩 올리겠다. 하나는 명나라 눈속임용, 하나는 진짜."
- 진린, 노량해전까지도 이순신과 함께하다.

기록에 없는 것

- 충무공이 짤방 공세를 하지는 않았다.

1598

건국	1592		1593	(휴전 중)	1597	1598	망국
1392	임진왜란		명, 왜		정유재란	정유재란	1910
	발발		강화 협상		발발	종료	

- 세 번째 이야기 -

남자의 무기는 눈물

따지고 보면 황제의 명령 때문에 이역만리 남의 나라 전쟁에 참여하게 된 명나라 군대의 처지도 딱하긴 했다. 그들의 사정도 좋지만은 않았다. 벽제관 전투 패배의 충격도 컸고, 또 말들에게 전염병이 도는 바람에 데려온 말의 절반인 1만 마리가 죽었다. 이여송이 거느린 군대의 주역이 기병이다 보니 말이 없어진 것은 정말 큰 피해였고 군량은 턱없이 부족했다. 그러다 보니 어떻게든 나가게 해서 싸우게 하려는 조선과 안 싸우고 버티려는 명나라 사이에 알력이 심해졌다. 말이 좋아 알력이지, 사실상 명나라의 일방적인 땡깡이었다.

명군은 온갖 핑계를 다 들며 퇴군하려고 했는데 날씨가 안 좋아서, 땅이 젖어 있어서, 1월은 내 이름이랑 상극이라서, 말에서 떨어져서, 가토 기요마사가 평양으로 온다는 소문이 있어서…… 등등 갖은 핑계를 들었다. 한마디로 "답은 정해져 있으니 너는 대답이나 해"라는 식이었다. 참다 못한 유성룡이 나가서 싸우자고 주장하자 알겠다고 한 뒤 유성룡이 잠깐 자리를 비운 사이에 살그머니 개성으로 내뺀 적도 있었다. 이 꼴을 실시간 라이브로 봤던 유성룡은 당연히 울화통이 터질 수밖에 없었고, 『징비록』에 이여송이 얼마나 제멋대로고 개판인 인물이었는지를 차곡차곡 기록했다.

이여송은 유성룡에게만 떼를 쓴 것이 아니었다. 명나라 본국에 "일본군이 20만 명이나 되니 나 못하겠소 딴 사람으로 바꿔주쇼"라며 징징거리는 편지를 보내기도 했다. 그걸 옆에서 지켜보던 유성룡이 "그 정도로 많지는 않다"고 태클을 걸었지만 "난 몰라, 니들이 그랬잖아"라며 모르쇠로 일관했다. 이렇게 조선과 명나라 사이의 알력이 심해지던 1593년(선조 26) 초, 때마침 군량이 뚝 떨어졌고 부하 장수들의 불평도 심해져, 이여송은 이때다 싶어 유성룡을 비롯하여 호조판서 이성중, 경기좌감사 이정형을 뜰에다가 무릎을 꿇리고 군법으로 처벌하겠다며 으름장을 놓았다. 싸우기 싫은 핑곗거리를 찾기 위해 한 나라의 재상에게 이유 없이 모욕을 준 것이다.

그러자 유성룡은 분연히 일어나 명나라 장수들에게 "조선을 우습게 보느냐?"며 따지……지는 못하고 그 자리에서 펑펑 울었다. 눈물도 한두 방울 뚝뚝 흘리는 게 아니라 정말 수도꼭지가 열린 듯이 펑펑 울어댔다. 그의 눈물에 소맷자락이 흠뻑 다 젖을 정도였다던가. 유성룡 본인은 나라꼴이 이렇게 된 게 속상해서 울었다지만 당시 51세의 유성룡은 도체찰사로서 여기저기 돌아다니며 군량을 보급했다. 쉬고 잘 곳도 마땅치 않아 풀을 잘라다 이부자리로 쓰면서 노숙을 해 옷에 풀물이 들 정도로 고생스러운 나날을 보내고 있었다. 그런 와중에 속 썩이는 임금, 말도 지지리 안 듣는 직장 동료들에게 받는 설움, 힘없이 스러지고 있는 백성들을 보며 느꼈던 울분이 일시에 폭발한 것이리라.

이여송은 졸렬하긴 하되 뻔뻔한 인물은 못 되었는지 우는 유성룡 앞에서 어쩔 줄 몰라 했다. 하지만 체면상 유성룡에게 사과는 차마 하지 못하고 대신 부하 장수들을 쥐 잡듯이 잡았다.

"너희들 이전에 서하랑 싸울 때는 며칠 굶어도 괜찮았잖아! 중국에 돌아가고 싶음 너희끼리 돌아가! 난 죽어도 싸울 거야!"

눈치 빠른 부하들은 납작 엎드려 사과했다. 그런 뒤 너무나 운 좋게도 당일 날 강화도서 군량미를 실은 배 수십 척이 도착해, 이여송은 늦은 밤 유성룡을 불러 위로도 하고 싸울 계획도 함께 짰다. 물론 정말 싸울 생각은 없어서 이후로도 계속 유성룡의 말을 듣는 척만 했지만 말이다. 이처럼 피가 마르고 눈물이 나는 상황이 바뀌게 된 것은 2월 12일, 권율이 행주산성에서 이기면서였다.

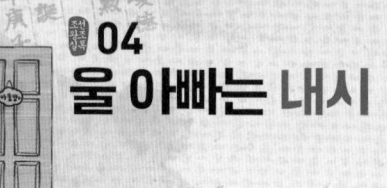
부모로서
아이가 크는 걸 보는 건
정말 큰 행복이다.

하지만 종종,
진심으로 기도한다.

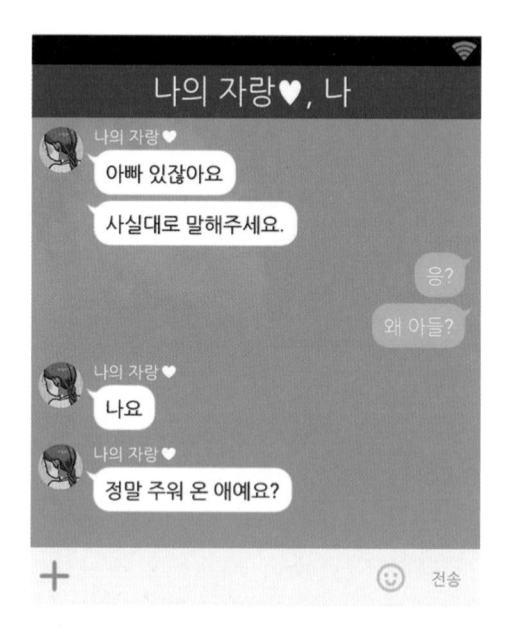

아무것도 모르는 아이인 채
평생 엄마아빠 곁에
머물러준다면

참 좋을 텐데······.

하나요 양자

아이들은,
언제나 어른들의 생각보다
많은 걸 알고 있다.

아이가 서당에서 돌아왔을 때,
나는 찬찬히 말해주었다.

맞다, 아빠는 내시이고,
맞다, 나는 아이를 못 낳고,
그래, 너는 두 살 적에 데려온 아이다.
하지만 엄마와 아빠는 너를 정말 사랑한다.

아이는 씩씩하게 고개를 끄덕이고
제 방으로 들어갔다.

그리곤 간밤에 많이 울었다.

둘이요 조롱과 멸시

아들이 요즘 말이 없다.
늘 제 방에서 가만히 있다.

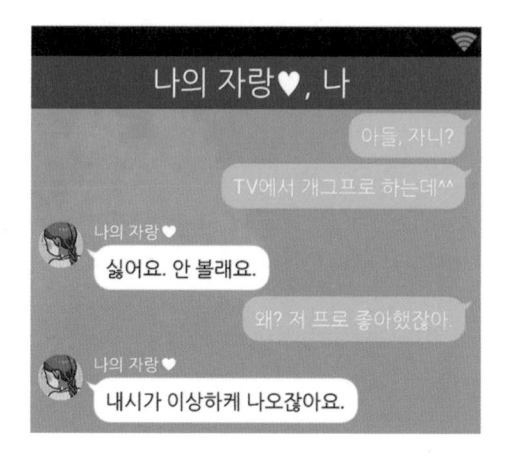

나의 자랑♥, 나

아들, 자니?

TV에서 개그프로 하는데^^

나의 자랑♥
싫어요. 안 볼래요.

왜? 저 프로 좋아했잖아.

나의 자랑♥
내시가 이상하게 나오잖아요.

조선왕조실톡

나의 자랑♥

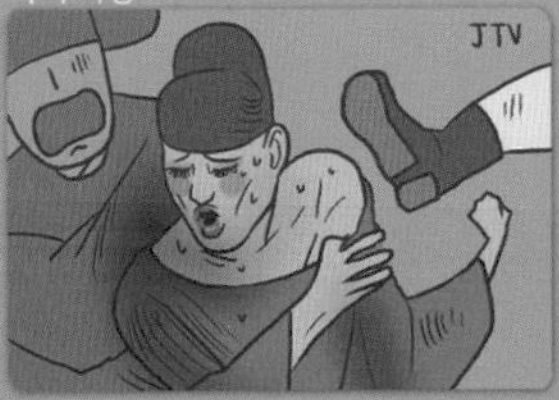

JTV

아빠도 출근하면 화장해요?

변태짓하다가 사람들한테
개무시당해요?

아니야 아들......

아빠 전문직종사자야 진짜야

임금님 말씀도 전달하고,
수라도 챙겨드리고,
사신접대도 아빠가 해

나의 자랑♥

......

얼마전에 출장 갔잖아,
그건 굶는 백성 없는지 보라고
임금님이 아빠 보내신거야.

아빠 존경받는 사람이야!

나의 자랑♥

거짓말.

아빠 쪽팔려.

나의 자랑♥님께서 퇴장하셨습니다.

 전송

며칠 후,
서당에서 전화가 왔다.
우리 애가 왕따를 당했다는 모양이다.

그런데, 아들이 못 참고 걔를
두들겨 패줬단다.

어휴.

결국 길길이 날뛰는
저쪽 애 부모를 만났다.

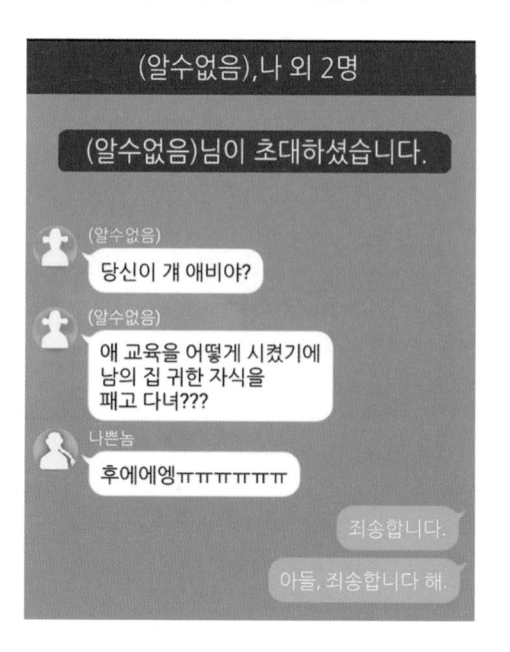

(알수없음) 하긴ㅋ 몸에 하자있는 인간이 사회에서 정사품이랑 마주칠 일이 있었겠어?

ㅋ김계동씨.

제 번호 없나봐요?

(알수없음) 뭐?

접니다 상선.

(알수없음) 헉::::::::::::::::

상선영감

아, 그땐 궁으로 전화하셨죠?

주상전하께 벼슬청탁 해달라고 애걸복걸.

야~그때 계동씨 밑바닥 본 줄 알았더니, 아니었네요!

(알수없음) 영감 큰 오해를 하신것 같은데, 제가 말실수를 해서....

아네요! 고자를 고자라고 하지 뭐라고 하겠어요?ㅎㅎ

근데 제가 봉알은 없어도 배알은 있거든요?

배알이 꼬여서 참을수가 없네요.

(알수없음) 허규ㅠㅠㅠㅠㅠㅠㅠ

전하께 계동씨 이야기 꼭~전하겠습니다^^

임금을 곁에서 모시는 내시
상선(판내시부사)은

종2품 차관보급이다.

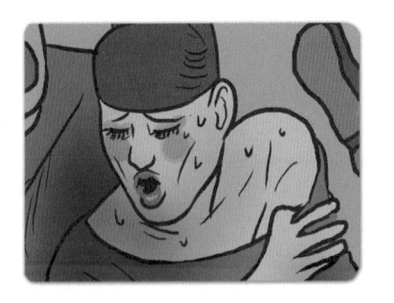

#다시는_내시를_비웃지_마라

그리하였다고 한다.

끝.

- 내시는 부인을 둘 수 있었다.
- 내시는 3세 이하의 유아를 입양할 수 있다. 양자의 성은 내시와 같기도, 다르기도 했다. -『경국대전』
- 내시의 업무 : 임금이 먹는 음식 감독, 왕명 전달, 왕이 있는 대전의 문 지키기, 궁궐 미화 등등.
- 세조, 내시에게 굶는 백성들이 있는지 체크하게 하다.
- 내시는 종2품(상선, 판내시부사)까지 오를 수 있었다. 성종 대에는 1품에도 올랐던 듯.
- 수많은 관료들, 임금을 가까이서 모시는 내시에게 뇌물 바치다.

부록

입양아의 조건

내시로 만들어 가업을 잇기 위해,
사고로 고자가 된 아이를 양자로
데려오는 경우가 많았다.

몸은 통제할 수 있어도
마음은 통제할 수 없다

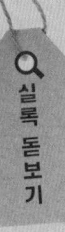

중국의 내시, 즉 환관들은 궁궐에 숙식하며 살았지만 조선의 내시들은 집에서 궁궐로 출퇴근을 했고 결혼도 했으며 양자를 입양해 어엿한 가정을 꾸리고 살았다. 그래서 환관들의 정치 개입이 나라의 명운을 좌지우지하는 일로 번지기도 했던 중국에 비하면 상대적으로 평온한 편이었다.

내시에 대한 잘못된 편견이 몇 가지 있는데 대표적인 것이 남성 호르몬이 없으므로 여성스러운 목소리를 내고 '남성성'이 배제된 행동을 한다는 것이다. 천만의 말씀이다. 당나라 현종의 총애를 받은 고력사는 힘이 장사로 유명했고, 명나라 영락제의 명령을 받고 아프리카까지 원정을 나섰던 장군 정화도 환관이었다. 고려 후기 우왕은 환관 80명을 무장시켜 이성계의 집을 공격한 적도 있었다. 내시란 임금의 시중을 들고, 경호를 맡고, 때론 무력도 발휘하는 최측근이었던 셈이다.

내시는 신체상 특징 때문에 성욕이 없을 거라는 편견도 있다. 이런 편견 때문인지 실제로 많은 내시들이 왕비나 후궁들이 있는 내명부의 일을 맡았다가 종종 예상치 못한 일을 터뜨리고는 했다. 내시들의 수술(?) 과정은 소문만 무성해 분명하지 않지만 많은 내시들이 섹스 스캔들을 일으킨 것은 분명하다.

1700년(숙종 26) 2월, 조선 왕조는 난데없는 내시들의 스캔들에 휩싸인다. 어느 날 밤, 내시 네 명이 여인 네 명과 한방에 앉아 있다가 마침 순찰을 돌고 있던 다른 내시에게 들킨 것이다. 당연히 나라는 발칵 뒤집어졌다.

결국 이들은 모두 형조로 끌려가 엄하게 심문을 받는다. 같이 만난 여자들도 그냥 민간인이 아닌 방자房子, 곧 궁궐에서 일을 하는 종들이었다. 숫자가 딱 맞는 것을 보면 미팅이나 소개팅이 떠오르지만 본인들은 서로 의형제를 맺은 사이라며, 친하게 지내다 보니 가끔 만나기도 하고, 편지를 주고받으며 안부를 묻는 사이라 주장하며 심문을 수십 번이나 했음에도 결코 뜻을 굽히지 않았다. 그렇지만 내시 중 한 사람은 이전에도 기생 때문에 사건을 일으킨 경력이 있던 사람인지라 아무도 이들의 진심(?)을 믿어주지 않았고, 결국 관련자들은 모두 외딴 섬으로 귀양을 가게 되었다.

태조 때 일어난 내시 스캔들은 조선 역사상 가장 큰 사고로 꼽을 수 있다. 태조는 즉위한 지 1년 만인 1392년 8월, 신덕왕후 강씨 소생의 막내아들 방석을 쟁쟁한 이복 형들을 제쳐놓고 세자로 세운다. 그런데 1년 뒤 기묘한 사건이 벌어진다. 1393년(태조 2) 6월 19일, 세자빈이었던 현빈 유씨가 하루아침에 쫓겨나고, 아직 젊은 내시 한 사람이 목을 베인 것이다. 이 당시에는 나라의 법전이 완전히 정리되지 않았던 때이지만 그래도 이렇게 급작스레 처형하는 것은 이례적인 일이었다. 세자빈까지 쫓겨났는데 정작 그 이유는 밝혀지지 않았다.

이 사실을 알게 된 대간과 형조는 태조에게 따진다. 이런 일이 벌어졌으면 주변을 철저히 조사해서 사연을 밝혀야 한다는 지극히 당연한 말이었다. 그런데 태조는 화를 벌컥 내며 이들을 죄다 감옥에 가두었다. 이렇게 가둔 사람이 무려 열네 명. 그것도 모자라 심문까지 하게 했다. 솔직히 그답지 않은 일이었는데, 태조는 측근인 조준과 김사형을 붙들고 이런 하소연을 했다고 한다.

"걔들 처리한 건 우리 집안일이야. 다른 사람이 알 바가 아니거든?"

처형당한 내시 이만은 젊은 환관이었고, 세자빈 역시 꽃다운 나이의 여성이었다. 젊은 남자와 젊은 여자. 무슨 일이 있었는지 쉬이 짐작이 간다. 당시 세자 이방석은 고작 열한 살의 나이. 남녀의 사이를 알기엔 어렸다.

사람은 사람이기에 어떤 제재를 가해도 꺾을 수 없는 욕망을 가지고 있는 것 아닐까. 이 시대에 내시나 궁녀 같은 인위적 제약을 통해 만들어낸 존재들이 사라진 것은 참으로 다행스러운 일이다.

죽을맛 이순신

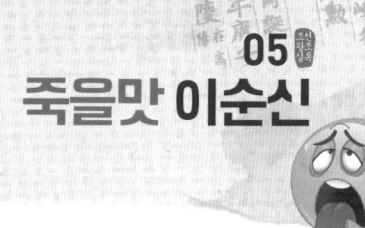

> 충무공 이순신
> (군인, 50세)

익명게시판
조선 공무원 모여라~!
짜증나는 일, 화나는 일,
상사 뒷담, 부하 뒷담!
주상전하 욕만 빼고
다 털어놓으시오~!

Yi_Sun_sin님

글쓰기

로그아웃

탓
탓 타탓

강녕하세요.
군에 몸담은 50대 공무원입니다.
아시다시피 요즘 한창 왜놈들과 싸우고 있는데요.

최근 전투보다 더 힘든 일이 있어서
고민게에 털어놓습니다. I

원래 사회생활......이렇게 힘듭니까?

이순신(충무공)   (한숨)

선배님   잘났으~..,,!!

속앓이 한 지
벌써 몇 년 됐습니다.
직장 같은 부서 선배 때문인데요.

저......도저히 이 선배님과
맞지가 않습니다;

처음 만났을 때부터
엇박자였어요.

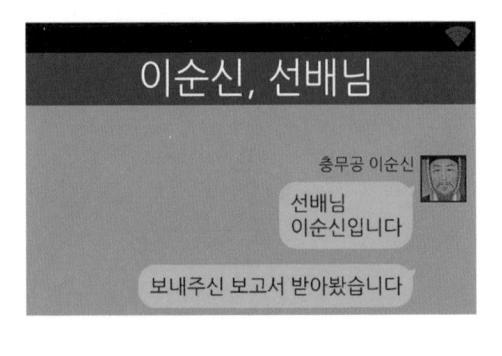

이순신, 선배님

충무공 이순신

선배님
이순신입니다

보내주신 보고서 받아봤습니다

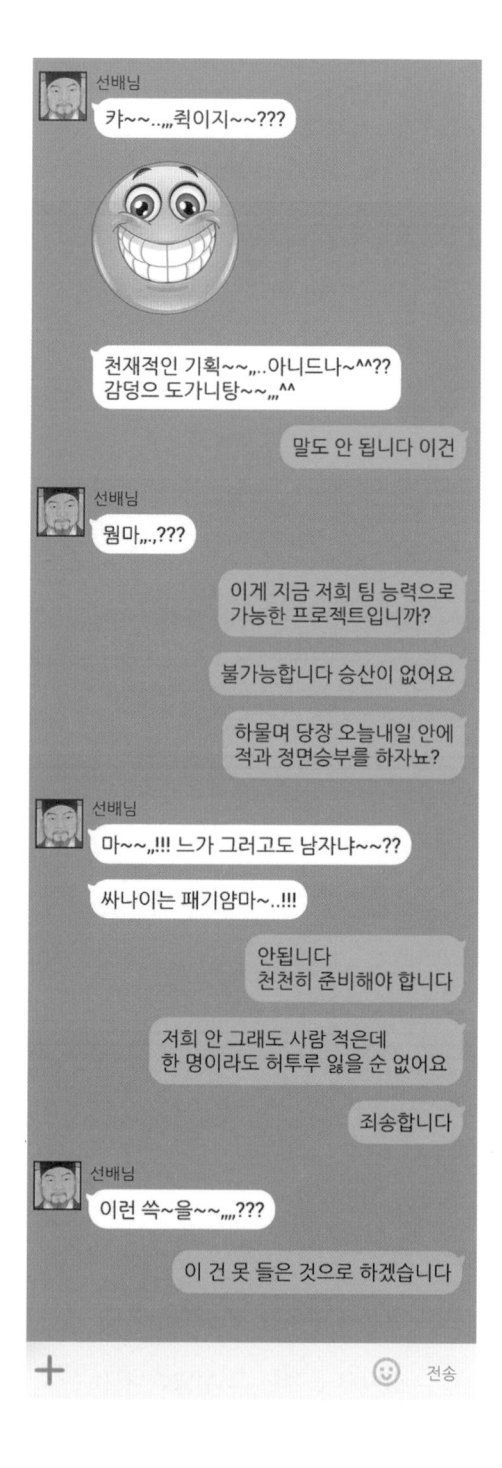

무대뽀인 선배님 어르느라
기가 쭉쭉 빨렸습니다.

결국 사전조사 다 하고,
맞춤작전 짠 뒤에야 전투 시작했죠.

딴지는 안 걸었습니다.
열심히 싸우신 것 사실이고요.

하지만 문제는 그 뒤였습니다.

승리한 공을 인정받아
제가 고속승진을 한 겁니다.

원 부장님
공사구분 하십시오

지금 전시중입니다
전황 하루가 다르게 급박히
돌아가는 거 아시잖습니까?

보고서 오늘까지 안 올리시면
군법으로 처리하겠습니다

선배님

헐~~...,,,,???

\+   ☺ 전송

셋이요

회식쟁이

거기다...... 아......

무작정 까는 것 같아서
이 얘기는 안 하려고 했는데요.

이 선배님, 사적인 부분에서도
저랑 너무 안 맞습니다.......

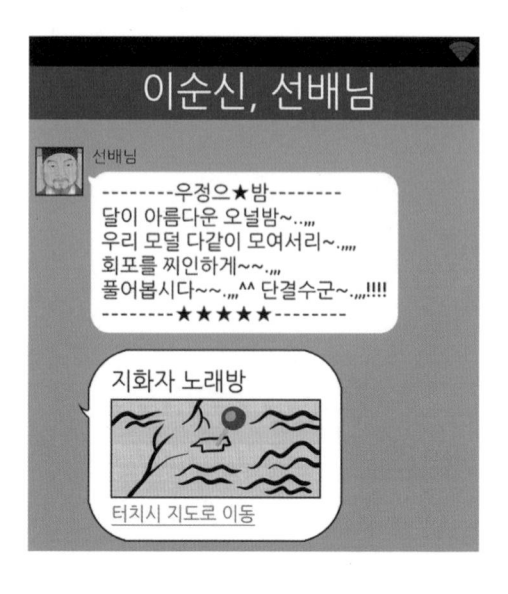

이순신, 선배님

선배님

--------우정으★밤--------
달이 아름다운 오널밤~·..,,,
우리 모덜 다같이 모여서리~·,,,
회포를 찌인하게~~.,,,
풀어봅시다~~.,,,^^ 단결수군~.,,,!!!!
--------★★★★★--------

지화자 노래방

터치시 지도로 이동

팀장님 올꺼지..,~~^^?

충무공 이순신

불참합니다

내일 아침 작전회의 있습니다

선배님

에헤~거참 사회생활 못허시네~·,,,,
싸움얼 회의로 이기남~~..,???

뜨거운 싸나이 심장으루~·,,,,
불끈 쥔 주먹으루다
이기는거지~~·,,,!!!

쐬주랑 탁주 말아서리 똑!
우리 단결 함 해봅시다~~·,,,

일찍 자야 합니다

그리고 내일 회의
원 부장님도 당연히
참가하시는 걸로 아는데요

술냄새 조금이라도 나거든
출입 통제하겠습니다

선배님

이런 쏙~을~~,,....,,???

+ ☺ 전송

어찌하면 좋겠습니까?
이제 서로 완전 등 돌렸습니다.

매일 출근해
얼굴 보는 것조차
고통입니다.

익명게 여러분, 제가 못된겁니까?

익명1552 님의 덧글 :

님 내가 보기엔
님도 문제 많아요ㅇㅇ
나라 지키는 장수끼리 까다뇨ㅇㅅㅇ?

그 선배란 분, 제가 만난 적은 없지만 듣기엔
용감하고 순박한 것 같은데요?

거기다 님 너무 예민한 듯ㅇㅅㅇ

왜 성격 가지고 까요?
군인이잖아요
성격이 드럽든 말든 뭔 상관이에요

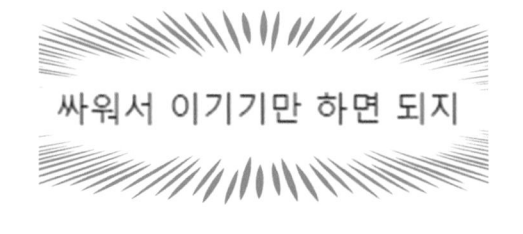

싸워서 이기기만 하면 되지

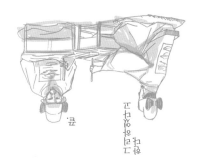

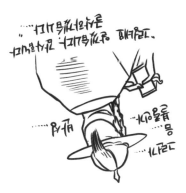

- 원균, 임진왜란 초부터 조선 수군이 약세인데도 정면 돌파를 주장하여 중신들로부터 "신중하지 못하다" 평 듣다.
- 이순신, 각종 해전에서 승리한 공으로 원균보다 높은 통제사 되다.
- 원균, "내가 선배이고 공도 똑같이 쌓았는데도 왜 후배 이순신보다 직급이 낮은가" 하며 반항하다. 이순신도 원균을 껄끄러워하다.
- 선조, 노하여 "나라의 두 장수가 싸우니 이 무슨 불충인가" 하며 둘 다 혼내다. 그러나 "이순신이 더 잘못한 것 같다", "원균은 본 적은 없지만, 마음이 순박한데 고집이 센가 보다" 하며 은근히 원균 편들다.
- 이순신, "원균이 전쟁 중인데도 술에 진탕 취하여 품위를 잃으니 몹시 어리석다"며 몇 번이나 못마땅해하다. - 『난중일기』
- 유성룡, "(칠천량 전투를 앞두고) 원균이 진중에 여자를 데려와 놀고, 부하들과 소통은 않으니 이 어찌된 일인가" 욕하다. - 『징비록』

- 팀장, 부장이라는 직급은 없었다.
- 원균이 꼰대체를 썼다는 기록은 없다.

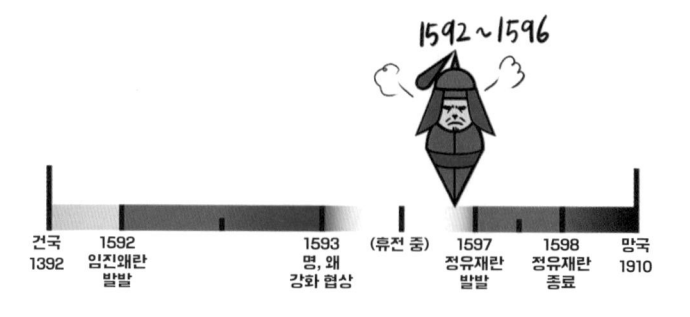

1592~1596

| 건국 1392 | 1592 임진왜란 발발 | 1593 명, 왜 강화 협상 | (휴전 중) | 1597 정유재란 발발 | 1598 정유재란 종료 | 망국 1910 |

박문수, 그 남자의 직장 생활

박문수는 전국 각지를 돌아다니며 억울한 백성들을 도와준 암행어사 민담의 주인 공으로 유명하지만 사실 고약한 버릇이 있었다. 당대에 그에 대한 평가는 "다 좋은데 체통 없이 웃기는 말을 하고 행동이 거칠다"라는 것이다. 『조선왕조실록』과 『승정원일기』에 나타나는 그의 활약상(?)을 보면 말썽이 이만저만이 아니었다.

우선 박문수는 목소리가 컸다. 동료들이 임금에게 불평할 정도였으니 기차 화통을 삶아 먹은 듯이 컸던 모양이다. 성격도 급했다. 어느 정도였냐 하면 함경도의 백성들이 가뭄으로 굶어 죽어가자 '일단' 나라의 창고 안에 있던 곡식들을 무단으로 나눠 주고 그 다음에야 보고를 한 적도 있었다. 절차를 밟다 보면 시간이 걸리므로 당장 죽어가는 사람들을 살릴 수 없어 그랬다고 옹호를 해줄 수도 있지만, 박문수의 타고난 천성이 급하고 절차 자체를 하찮게 여기는 탓도 있었다.

이런 점은 말과 행동에도 나타나 직장 생활에 애로 사항이 꽃피었다. "나라 꼴잘 돌아간다", "쟤 잘라야 해!" 같은 말을 직장에서도 툭툭 내뱉었다. 다른 신료가 발언을 하는데 말허리를 톡 잘라 가로채어 자기가 말하는 일도 있었다.

마침내 1734년(영조 10) 박문수는 사건을 저지르게 된다. 동료인 김약로와 크게 싸운 것이다. 살다 보면 서로 싸울 수도 있다. 그러나 바로 임금 앞에서 싸웠기에 큰 문제가 되었다. 신하들의 막말 배틀을 지켜보던 영조는 "너희 둘 다 처벌"이라고 결론 내렸지만, 불붙은 두 사람은 그러고도 멈추지 않고 계속 싸워 사이좋게 파직당하고 말았다.

박문수의 거침없는 행보는 임금에게라고 다를 바 없었다. 언젠가 무척 화가 난 박문수는 고개를 바짝 들고 임금의 얼굴을 쏘아보는 어마어마한 무례를 범하기까지 했다. 당연히 신하들은 박문수를 혼내라며 벌떼같이 들고 일어났는데, 이런 불경죄를 저지른 박문수의 변명이란 게 참으로 깜찍했다.

"임금님은 백성에게 어버이라는데, 자식이 부모 얼굴 좀 본다고 안 될 게 있어?"

덧붙이자면 박문수는 영조보다 세 살이 많았다. 하여튼 이렇게 사건 사고가 끊이지 않으니 수백 년 뒤 사서를 보는 입장에서는 재미있지만, 같이 일하는 당시의 관료들은 짜증과 분노로 폭발 직전이었을 것이다. 임금에게 "쟤 혼 좀 내라"는 간언이 끊이지 않았고, 영조 역시 박문수 때문에 화가 난 나머지 "저 고집불통!"이라고 대놓고 말할 정도였다. 그럼에도, 때때로 처벌을 내리긴 했지만 오래 지나지 않아 다시 영조는 박문수를 불러다 서용했다. 왜 영조는 그렇게 박문수를 아꼈을까? 막말하고 거칠기로는 조선 임금 중 2등이라고 하면 서러운 영조였으니 박문수에게 동료 의식이라도 느낀 것일까? 그럴 수도 있겠지만 또 하나의 이유가 있었다.

"쟤 아니면 누가 나한테 이런 말을 하겠어?"

영조는 박문수를 깊이 신뢰했다. 박문수는 누구의 눈치도 보지 않고 바르다고 여겨지는 말을 했다. 그래서 영조는 박문수의 갖은 사건 사고에도 변함없이 그를 아꼈고, 박문수가 일찍 세상을 떠나자 "내 마음을 아는 사람은 박문수고 박문수 마음을 아는 사람은 나였는데"라고 몹시 안타까워하며 신하들의 반대를 무릅쓰고 영의정을 증직해주었다. 박문수는 그만이 할 수 있는 일을 했고, 영조는 이를 (짜증이야 좀 냈지만) 받아준 것이다. 조선왕조실록

나는
사간원의 관원.

임금께서
바른 정치를 펴도록
쓴소리를 하는 게 내 일이다.

그런데 얼마 전,
주상께서 사고를 치셨다.

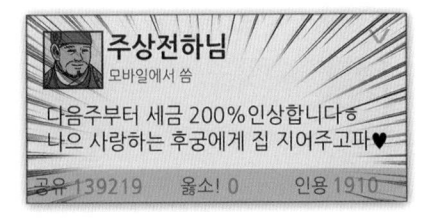

저 어명을 막아야 하는데…….

김계동(34)

사간원 역사상 최고의
어구로군 御求路君
(임금을 구하여 바른길로 나아가게 하는 군자)

자,
뭐부터
써볼까(웃음)?

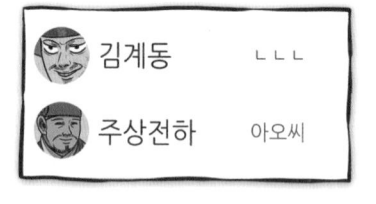

김계동 　　　ㄴㄴㄴ

주상전하 　　아오씨

하나요
공격 1. 사표 쓰기

어명은 절대적이다.

주상전하가 세금을 올리라면,
백성들이 흉년으로 쫄쫄 굶는단들
우리 관료들은 따라야만 한다.

必衛保守打

[필위보수타]
필히 좋은 뜻을 지켜내고자
임금에게 가하는 공격

하지만,
관료들이 모두
병에 걸려 누웠다면ㅎ?

'복합상소'는
'Multi-상소'가 아니다.

伏閣上疏
누울 복 문 합

주상께서
요구 들어주실 때까지
궐문 앞에 누워버리는 것이다.

주상전하

하지마

사간원 김계동/스윗한 남자 ♥

하지말라고

사간원 김계동/스윗한 남자 ♥

드라마정주행 중계하지마 시꺄

사간원 김계동/스윗한 남자 ♥

오또케요 그럼ㅜ
종일 누워있으려니 심심한뎅ㅠ

놀아쥬쎄욤><♥
저희 이쩨 백수라 남는 게
시간이란 말이어욤><♥

아나 진짜

사간원 김계동/스윗한 남자 ♥

><이힛 꼴보기 싫으시죠?

전하께서 세금인상만
취소하시면 저희 당장
일어나서 복직할텐뎅><♥

전하는 생각보다 강했다.
결국 나는
최후의 수단을 택했는데.

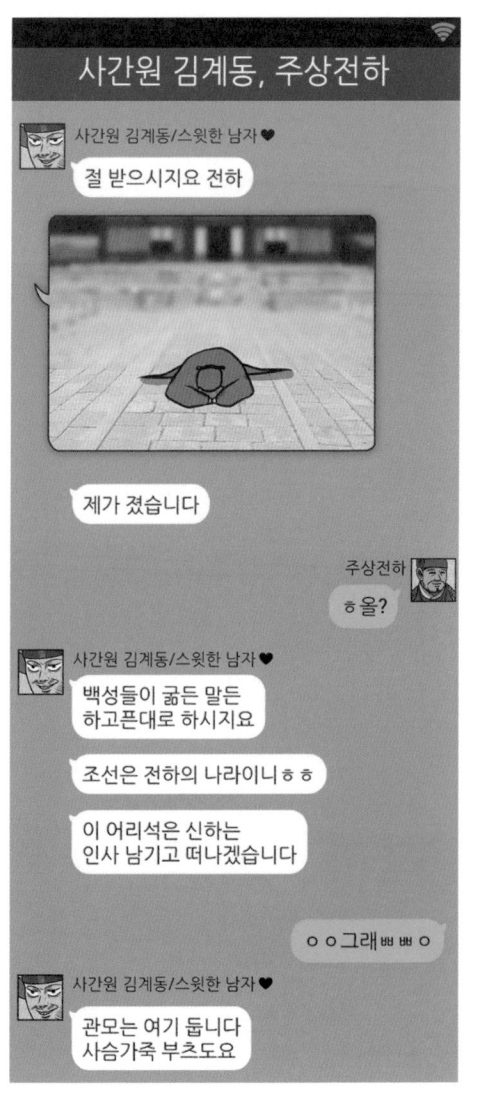

결국 전하께서는
세금 인상을 취소하셨다.

충신이네.

충신이야.

끝.

실록에 기록된 것

- 조선 조정의 관료들, 원치 않는 어명 받으면 전원 사표를 낸 항의하다. 왕이 화를 내며 새로 관료를 뽑는 경우도 있었지만, 신입 관료들도 선배들을 따라 함께 사직하곤 했다. 행정 시스템이 마비되자 결국 왕, 두 손 두 발 들다.
- 조선 관료들과 유생들, 거적을 깔고 앉아 버티며 어명에 항의하다. '도부상소(지부상소)'라는 것이 있어, 도끼를 옆에 두고 항의하기도 하다. "내 요청을 들어주시든가, 이 도끼로 목을 치시라"는 목숨 건 과격한 상소.
- 임금이나 상사 등이 자신을 무시하는 처사를 하는 경우, 사모관대를 벗어던져 항의하다.
- 이밖에도 신문고(북치기), 격쟁(징치기) 등 다양한 방법으로 항의/방해 행위하다. 변장을 하고 궁궐에 숨어들어 궐 지붕에 올라가 징을 치며 행정 처분에 반대하기도 하다.

기록에 없는 것

픽션

- 모두 벗지는 않았다. 적삼과 바지는 남겼다.

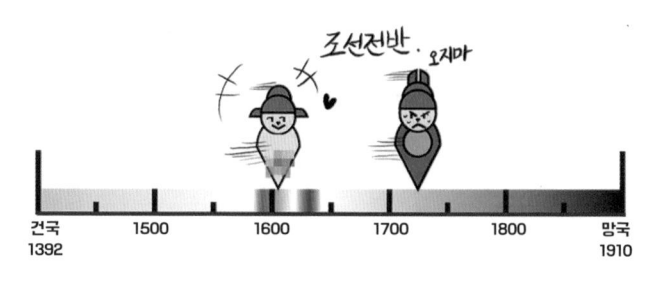

조선전반. 오지마

건국 1392 1500 1600 1700 1800 망국 1910

- 여섯 번째 이야기 -

성균관 유생들, 시위를 벌이다

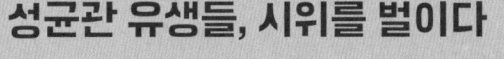

아무리 똑똑하고 현명한 지도자라도 잘못할 때가 있다. 왕조시대에도 마찬가지였다. 지도자가 잘못을 저지르고 있다면 나머지 사람들은 어떻게 해야 할까? 당연히 이것은 잘못되었다라고 말하고 지도자를 제지해야 한다. 여기에는 나이도 자격도 상관없다. 요즘 학생들이 세상일에 관심을 가지면 꼭 나오는 말이 "애들은 공부나 해라"이다. 그런데 그런 이야기를 조선시대에 했다면 오히려 이상한 사람 취급을 받았을 것이다. 나라가 잘못 돌아가고 있을 때, 그리고 임금이 정치를 잘못하고 있을 때 바른 말을 하는 것은 선비의 의무였고, 성균관은 그것을 실천하는 곳이었기 때문이다. 이때 쓰는 상소를 유소儒疏라고 하는데 여러 명이 함께 의논해서 작성했다. 때론 참여하는 사람이 너무 많아 상소의 길이보다 참여자 명단이 더 길기도 했다.

다 쓴 상소는 빨간 종이에 곱게 싸서 상자에 넣은 뒤 임금에게 바친다. 그냥 가져간 것은 아니다. 상소 작성을 지휘한 사람을 선두로 하여 모든 성균관의 학생들, 사학의 학생들, 또 성균관의 노비들마저 따라서 궁궐로 행진했다. 행진 규모는 미리 길에 물을 뿌려 먼지가 날리지 않게 해야 할 정도로 컸는데 명종 때의 유소에는 무려 3천 명이 참여했다고 한다. 당연히 교통 체증으로 인한 막대한 불편이 초래되었을 것이다. 어떤 관리든 성균관 유생들의 행진 앞에서는 말을 타고 다닐 수 없었고, 상인들은 그날 장사를 접어야 했으니까.

행진이 궁궐에 도착하면 상소문만 임금에게 보내고 유생들은 궁궐 밖에서 기다렸다. 잠깐 기다린 것이 아니다. 아예 천막을 치고 밥을 해 먹으며 오랫동안 기다렸다. 그러다 임금이 원하는 답을 내려주면 듣고 해산하는 것이 원칙이었지만 만약 임금이 자기 생각을 고집한다면 세 번까지 상소를 썼다. 그래도 고치지 않으면? 더 이상 공부 못하겠다며 학교를 나와 집으로 돌아가버린다. 이걸 공관公館이라고 했다. 여기에도 절차가 있다. 먼저 성균관의 교장인 대사성에게 공관을 하겠다는 사정을 알린다. 그럼 대사성은 만사 제치고 달려와 유생들과 만나 이유를 들어보고, 그걸 임금에게 전달한다. 그럼에도 임금이 고집을 꺾지 않으면 유생들은 학교를 떠나버린다. 나라가 잘못되었고 고쳐지질 않으니 선비가 세상을 버리겠다는 소리이다.

1448년(세종 30)에 있었던 기록상 최초의 유소 및 공관이 시작된 이래 조선에서는 대략 80여 차례의 행동이 있었다. 이런 유생들의 시위는 사회적으로 많은 피해를 발생시키기도 했고, 꼭 피해가 없더라도 임금에게는 싫은 소리만 하는 미운 행동이었다. 그래서 포졸들이 몽둥이를 들고 몰려 나가 유생들을 쫓아내거나 잡아갔냐? 천만의 말씀이다. 오히려 모두가 유생들의 말을 존중하고, 그들의 이야기를 들어주고, 그들을 보호해주고자 애썼다. 바른 언론이야말로 나라의 힘이고, 그 원천이 바로 성균관에 있다고 믿었기 때문이다.

때로 유생들의 상소는 임금을 몹시 열 받게 해 유생들을 죄다 가둬버리고 심문을 하겠다고 펄펄 뛰거나(세종) 책상의 물건들을 패대기치며 욕설을 퍼붓는(영조) 등 실제로 유생들을 가두거나 벌을 주려고 한 사례는 끊이지 않았다. 그럴 때는 한때 성균관을 다녔고 이제는 관료가 된 선배들이 나섰다.

임금이 유생들을 가두고 벌주려고 하면 명령을 알리는 승정원은 일부러 시간을 끌었고, 의금부는 이런 일로 유생들을 가두면 그런 일을 한 자신들이 역사에 어떻게 기록되겠느냐며 울며 호소했다. 그러는 동안 대소 신료들은 우글우글 몰려와 그러지 말라고 임금에게 애원했다. 역사상 학생들이 간언했다고 처벌한 예가 없으며, 백성의 입을 막을 수는 없다는 이유에서였다. 세간에는 "유생들이 성균관을 버리고 한강 모래펄을 넘어가면 나라가 망한다"라는 말까지 있었다. 학생들이 학교를 버릴 정도면 나라가 정말 잘못 굴러가고 있다고 믿었던 것이다. 임금이 이런 일조차 참지 못하고 화를 내며 찍어 누른다면, 정말로 잘못된 일이 벌어져도 아무도 말하지 못하고 막지 못하게 되리라는 것을 조선 사람들은 알고 있었다.

성균관의 유소라고 해서 언제나 옳은 말만을 한 것은 아니었지만 조선의 임금은 궁궐까지 오는 그들을 막지도, 쫓아내지도 않았다. 어쩌면 그것은 나라를 다스리는 사람의 가장 기본일 것이다.

조선
왕조
실록

세종, 길바닥에 나앉다

세종　(콜록)(아파요)

서운관 관료　(꺄악)

1432년
(세종 14)
1월 1일, 설날.

하나요 덜덜덜덜

궁녀 춘심이, 내관 춘삼이

내관 춘삼이 / 조젤귀 ♥

아직도아?

궁녀 춘심이

ㅇㅇ

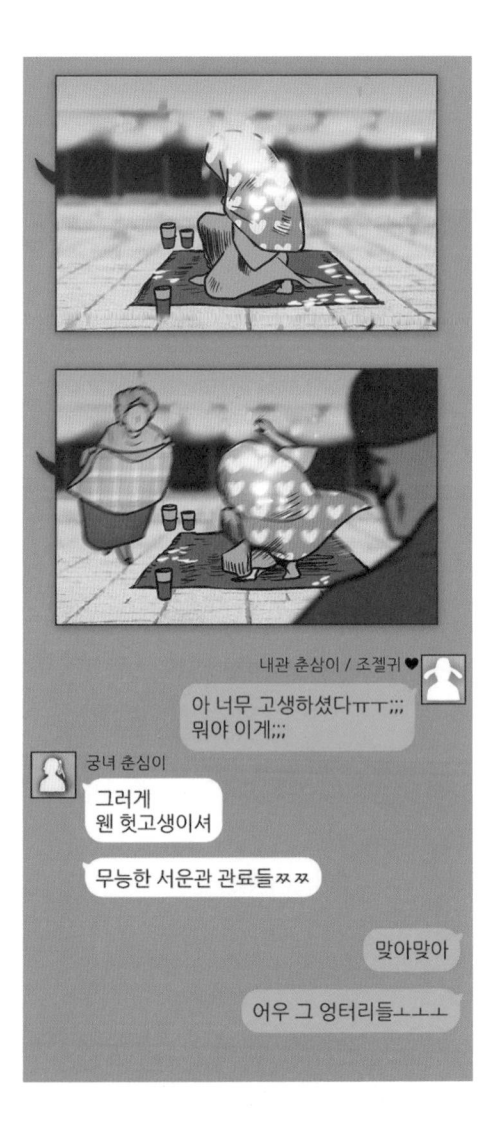

내관 춘삼이 / 조젤귀 ♥

아 너무 고생하셨다ㅠㅜ;;;
뭐야 이게;;;

궁녀 춘심이

그러게
웬 헛고생이셔

무능한 서운관 관료들ㅉㅉ

맞아맞아

어우 그 엉터리들ㅗㅗㅗ

둘이요

엉터리 서운관

세종대왕이
얇은 소복만 입고
기다리던 것은 바로

일식日蝕

헌데 일기예보와는 달리
감감무소식이었던 것이다.

※서운관 書雲觀 : 오늘날의 기상청.
해, 달, 별을 관찰해 날씨를 맞추었다.
점을 치거나 풍수를 보기도 했다.

춘삼보이♥님
1432년 1월 1일 모바일에서 씀

거지같은 서운관ㅗ 맨날 틀리냐ㅗㅗㅗ

공유 142 옳소! 321 인용 11

꽃분이17님
1431년 11월 모바일에서 씀

ㅄ서운관 날씨앱의 "날씨 풀린다"는 말만 믿고,
가디건 달랑 걸치고 나온 썸남이 얼어죽었네요.
양지바른 곳에 장사지내고 오는 길입니다.#묵념

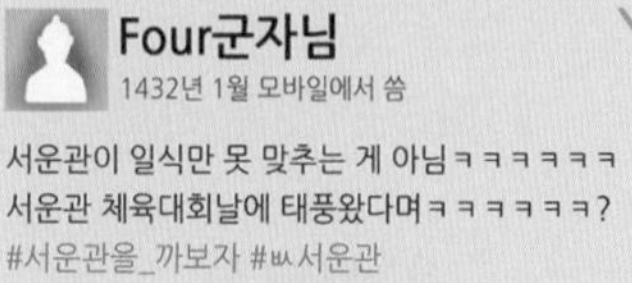

공유 142 옳소! 321 인용 11

Four군자님
1432년 1월 모바일에서 씀

서운관이 일식만 못 맞추는 게 아님ㅋㅋㅋㅋㅋㅋ
서운관 체육대회날에 태풍왔다며ㅋㅋㅋㅋㅋㅋ?
#서운관을_까보자 #ㅄ서운관

공유 1392 옳소! 432 인용 111

결국 그날 일식은 없었다.

세상에 임금을
추위에 떨게 하다니,
(그것도 세종대왕을)

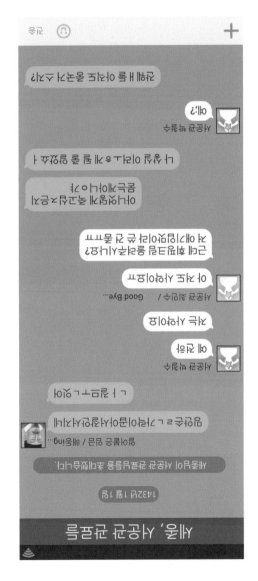

"야쌰를 아끼고
온몸이 얼음 ㅆㅐ끼?"

그 뒤 매우 정당히……

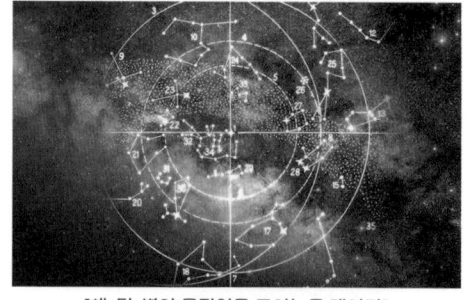

[해, 달, 별의 움직임을 모아놓은 데이터]
일기예보의 밑거름이다.

세종은 알고 있었다.
당시 조선에는 고유의 역법이 없어,

명나라의 것을 고대로
가져다 쓰고 있었던 것이다.

근데 조정에서 서운관에
투자 자체를 안해요ㅜㅜㅜ

서운관 박철수
관측장비도 없고요.
녹봉 진짜 쥐꼬리고요.

저희보고 점쟁이랩니다.
날씨 걍 감으로 때려맞추래요.

서운관 최민수 /   Good Bye...
ㅁㅈㅁㅈ

그러면서 일기예보 틀리면
욕은 또 엄청 해대지.

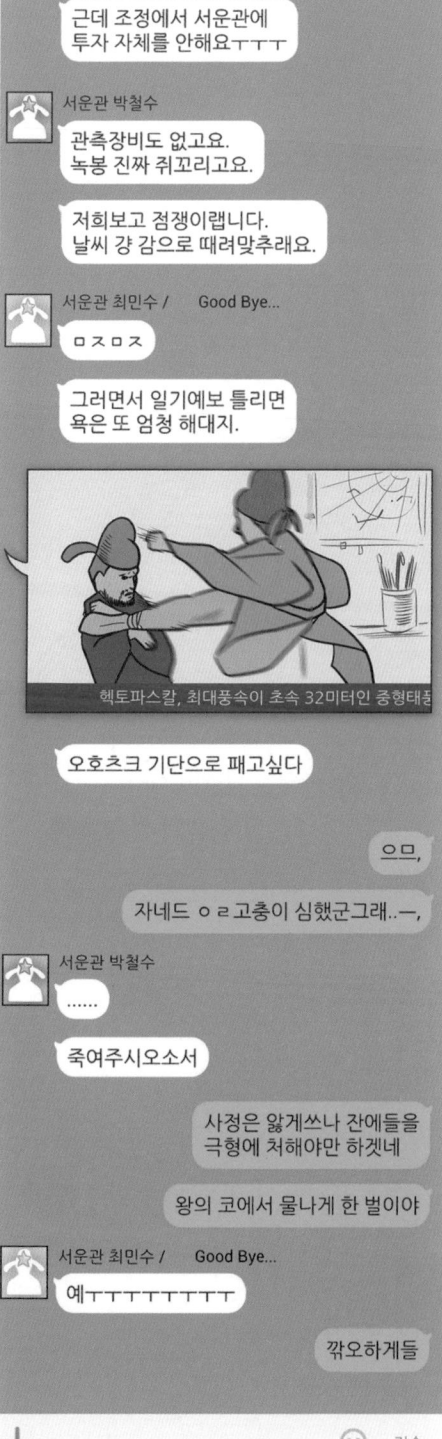

헥토파스칼, 최대풍속이 초속 32미터인 중형태풍

오호츠크 기단으로 패고싶다

으ㅁ,

자네든 ㅇㄹ 고충이 심했군그래..ㅡ,

서운관 박철수
......

죽여주시오소서

사정은 앓게쓰나 잔에들을
극형에 처해야만 하겟네

왕의 코에서 물나게 한 벌이야

서운관 최민수 /   Good Bye...
예ㅜㅜㅜㅜㅜㅜㅜ

깎오하게들

전송

앞으로 365일
무좀건 야근하게

무조건

ㅇㅋ.,??

세종, 경복궁에 간의대 세우다.
밤마다 조선 밤하늘의 별과 달을
직접 관측할 수 있도록 하니

일기예보에 틀림이 없다.

#날씨앱_업데이트

그리하였다고
한다.

끝.

2019년 1월 6일
부분일식(예보)

실록에 기록된 것

- 서운관, 풍수 · 점술 · 천문 관찰 등을 맡아보다. 태조가 조선의 도읍을 정하고 궁궐터를 알아보던 때에도 활약하다.
- 태종 대, 서운관 관원들이 일식 일어나는 시간을 잘못 예측해 유배가다. 몇 번이고 실수 반복하다.
- 세종 즉위 후, 서운관 관원들 일식 일어나는 시간 15분 틀리다. 세종, 벌 주다.
- 1432년(세종 14), 서운관 관원들이 예측한 일식 아예 일어나지 않다. 그러나 세종, "아마 중국에서는 일식이 일어났을 것이다"라며 벌 주지 않다. 중국의 역법을 그대로 썼기에 틀릴 수밖에 없음을 예상한 듯 중국 사신의 증언까지 기다리다.
- 세종, 간의대와 관측소 세우고 천문 관측하게 하다. 이후 일기예보에 틀림이 없다며 기뻐하다.

세종, 서운관 관료들

이제 간의대 있으니
일 더 열심히 하시게^^

서운관 박철수
예ㅠ 야간근무 잘하고
낮에 퇴근하겠습니다!

?무슨 소린가?

밤에는 달별보고
낮에는 태양 관측해야지?

서운관 박철수
예;;? 그럼 저희 잠은 언제;;;?

잠이 뭔데?

1432.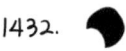

건국
1392

1500

1600

1700

1800

망국
1910

- 일곱 번째 이야기 -

임금의 행방불명

1420년(세종 2) 5월, 대비가 학질에 걸렸다. 여기에서 말하는 대비는 태종의 비인 원경왕후, 세종의 어머니이다. 어머니가 아프다는 소식을 듣자 세종은 곧장 대비를 찾아가 왕의 업무를 내팽개치고 병구완에 나서더니 어느 날 행방불명이 되어 버린다. 임금이 행방불명이라니? 온 나라의 신료는 물론 상왕인 태종마저도 세종이 어디로 갔는지 알지 못했다.

조선시대 때 학질은 이렇다 할 약이 없는 위중한 병이었다. 대신 이걸 낫게 할 수 있다고 믿었던 주술 방법이 있었으니 바로 둔갑遁甲이었다. 둔갑이란 병이 떨어져 나가게끔 여기저기 옮겨 다니는 것이다. 현대인의 시각으로는 말도 안 되는 방법이지만 한편으로는 얼마나 절박했으면 그렇게까지 했을까 싶기도 하다.

세종은 어머니를 모시고 최소한의 아랫사람들만 거느린 채 이리저리 떠돌아다녔다. 양녕대군과 효령대군도 어머니의 간호를 위해 함께 오긴 했지만 세종이 방 안에 어머니를 모시고 앉아 하루 종일 간호했으며 직접 약과 식사를 챙겼기에 다른 아들들은 어머니를 보기도 힘들 정도였다. 병을 떨어뜨리기 위해 하루 단위로 오늘은 여기, 내일은 저기, 모레는 또 다른 곳으로 계속 옮겨 다녔다. 절에도 가고, 남의 집에도 갔다. 환자에게는 오히려 좋지 않은 치료 방법 같지만, 아무튼 개국 이래 초유의 임금 파업 사태를 맞이하여 세종의 아버지이자 상왕으로 있던 태종이 나섰다. 태종이 측근들을 거느리고 세종을 찾아내자 비로소 신하들이 왕이 어디 있는지 알게 되었으니 이게 2주여 만의 일이었다.

태종은 "네가 효자인 건 잘 알지만 늙은 아버지도 있으니 밥 좀 먹으라"고 권했다. 하지만 세종은 여전히 어머니의 간호에만 몰두했다. 그러나 7월이 되자 원경왕후의 병은 아주 위중해져 태종은 관을 비롯한 장례 준비를 미리 시켰다. 그리고 10일 낮에 원경왕후는 세상을 떠나고 만다. 세종은 머리를 풀어 헤치고 신발도 벗은 채 통곡을 했으니 태종이 직접 미음을 가져가 아들에게 먹게 했다. 그럼에도 세종의 슬픔은 몹시도 극진해 비바람이 몰아쳐도 몸 상하는 것을 아랑곳하지 않고 울며 통곡했으며, 깔고 앉은 자리가 축축한 걸 보다 못한 신하들이 몰래 기름종이를 깔아놓자 그걸 귀신같이 발견하곤 치우게 했다. 그 좋아하던 고기도 입에 대지 않았다.

세종은 왜 이리 어머니의 간호에 열심이었을까? 물론 세종대왕이니까, 효자니까, 라고 간단하게 대답할 수도 있지만 그렇게만 보기에는 너무 열심이었다. 다른 사람은 어머니 3년상도 치르지 못하게 할 정도로 워커홀릭인 세종이 슬픔에 빠져 업무를 내팽개치다니.

이제부터는 상상이다. "열 손가락 깨물어 아프지 않은 손가락 없다"는 속담을 알 것이다. 부모는 자신의 아이들을 모두 똑같이 사랑한다는 이야기이다. 하지만 시간이 흐르며 이 속담에는 사람들이 만든 추가 문구가 덧붙여졌다. "안 아픈 손가락은 없어도 덜 아픈 손가락은 있다"고. 똑같은 자식이라도 부모가 더 걱정하고 더 살피는 자식이 있고 상대적으로 덜 걱정하고 덜 살피는 자식이 있다는 것이다.

원경왕후에게 더 아픈 손가락은 양녕대군과 성녕대군이었을 것이다. 큰아들이지만 끊임없이 사고를 치는 양녕대군과 어린 나이에 일찍 죽은 성녕대군. 두 아들을 위해서 원경왕후는 때로는 울기도 하고 걱정을 했으며 밥도 먹지 못했다. 그에 비해 세종은 덜 아픈 손가락일 수밖에 없었다. 알아서 공부도 잘해, 부인이랑도 잘 지내, 아이들도 쑥쑥 잘 자라니 굳이 걱정할 일이 없었다. 세종이 방문마저 닫아걸고 마치 한에 사무치기라도 한 듯 열성적으로 어머니를 독점하며 간호한 것은 어쩌면 착한 아이였기에 오히려 어머니의 관심을 받지 못했던 세종의 마지막 한풀이였을지도 모른다. 특히 아이를 많이 낳던 옛날, 부모에게 자식은 여러 명이지만 자식에게 부모는 오직 하나뿐이었기 때문이다.

08 흉배가 뭐야?

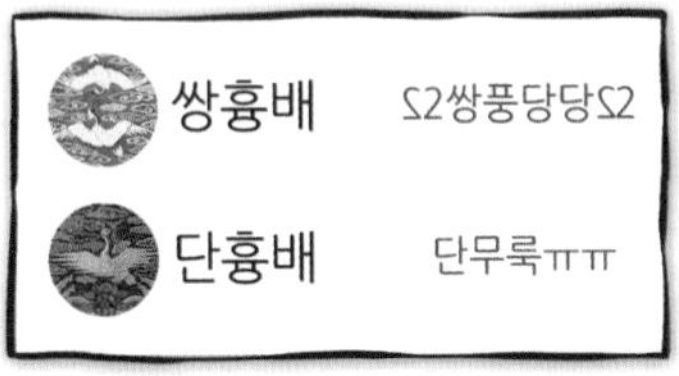
쌍흉배
Ω2쌍풍당당Ω2
단흉배
단무룩ㅠㅠ

하나요 한마리

혹시 이런 말 들어보셨는지?

'단거'

나도 얼마 전에 처음 들었다.

단거
단학거지 단호거지 흉배
쌍호 당상관 당하관

來利報 | 단거 | 검색

연관검색어 단학거지 단호거지 흉배 단학 단호 쌍학
쌍호 당상관 당하관 품계 버슬 흉베 흉배

Q. 서당 애들이 저 "단거"라고 놀려요ㅜ

"단기"는 무그건 왐따래요ㅜㅜㅜㅜ
"단거"가 뭐에요?ㅜㅜㅜㅜㅜ

Q. 아이가 서당에서 울면서 돌아왔습니다.

"단거"라고 놀림받았다네요. 휴...
아이 아빠랑 밤새 잠을 못 이뤘습니다.
어쩌면 좋죠? 훈장님은 내일 뵙기로 했어요.

Q. (급함)아빠 관복좀 봐주라 나 "단거"냐?

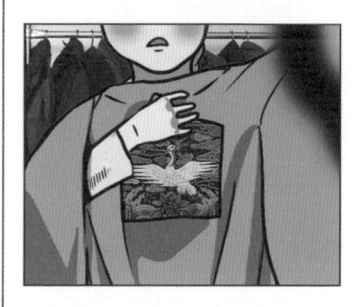

서딩4학년 5학년올라감 내일개학
급함ㅜㅜㅜㅜㅜㅜㅜㅜㅜㅜㅜㅜ
흉배 잘좀봐봐ㅜㅜㅜㅜㅜ나 단거 아니지?

A 과객들의 답변이라오.

A. 학이 꼴랑 한마리네요 "단거" ㅇㅈ

A. 빼박 "단거"
A. "단학거지"내요 님내일부터 왕따예약ㅠ

단거가 대체 뭔데???

둘이요 흉배 (胸背)

사진 속의 저건
'흉배'라고,
비단에 자수를 놓은 것이다.

[단학흉배]

비싸서 관복과 결혼예복에만 달 수 있었다.
출처 : [국립민속박물관 자료마당]

흉배에는 '쌍흉배'와
'단흉배'가 있는데.

- 무관 : 우린 호랑이 무늬지.
- 문관 : 우린 학이요

조선왕조실톡

동물이 두 마리면 쌍흉배,
단 한 마리뿐이면
단흉배다.

쌍흉배는 장관급만 달 수 있다.

그래, 물론
솔로보단 쌍이 좋지.
품계도 높을수록 좋고.

그렇다고
"단 한 마리뿐인 흉배거지"라니
애들도 참……

음?

來利報 단거 ⌨ ▾ 〔검색〕

연관검색어   단학거지 단호거지 흉배 단학 단호 쌍학
쌍호 당상관 당하관 품계 벼슬 흉베 흉배

카페글

솔직히 레벨 낮은 애들이랑 밥먹기 싫죠~ㅎ

쌍학흉배 인증합니다~ㅎ 30대 정2품이고요.
아담한 한양 99칸 기와집 삽니다~노비는 100정도?
근데 제목에 회원님들도 공감하시죠~?

★대소신료 모여라~/공무원/친목/궁궐★

솔직히 레벨 낮은 애들이랑 밥먹기 싫죠~ㅎ

허ㅋ

셋이요
나도 DANGER

솔직히 레벨 낮은 애들이랑 밥먹기 싫죠~ㅎ

쌍학흉배 인증합니다. 30대 정2품이고요.
근데 제목에 회원님들도 공감하시죠~?

쌍흉배가 녹봉 훨씬 많이 받잖아요ㅋ
그만큼 사람이 여유가 있달까?

근데 "단거"들은 품계가 낮아서 그런지
월급도 적고...늘 아등바등ㅋ

애들한테도 "단거"집안 애들과는
어울리지 말라고 하세요. 가난이 옮아요ㅋ

덧글 (36개)

└ㅋ~인생을 즐기시는 형님! 멋지십니다!

└암요~까마귀 노는데 백로야 가지마라~

└짤방 ㅋㅇbbbbㅋㅋㅋㅋㅋ

조선왕조실톡

아이고야······.

하긴 애들이 나쁜 짓
스스로 할 리 없지.

아주 좋은 거 가르친다!

덧글 (37개)
└나 : 저기요.
말씀들이 심하시네요^^;

저는 님들이 말씀하시는 단거입니다.
흉배에 한 마리뿐이죠.
제 아버지도, 할아버지도 그랬습니다.

그게 뭐 어때서요?

흉배를 달았다는 것은 어려운 공부를 마치고,
그 힘든 과거시험에 합격했다는 뜻입니다.
관직에 오른 것 자체가 대단한 일 아닌가요?

유치한 기준 만들어서 괜히
패배감 들게 하지 마세요.
순수한 아이들만 상처받습니다.

└야 부들대는거 보소ㅋㅋ장문 덧글ㅋㅋㅋㅋ
└└ 패배감에 쩔어있네ㅋ한마리 흉배답다ㅋ
└└ 3대가 단거라니 자랑임? 노오력부족ㅋㅋㅋ

└└ 하 어이없네ㅋ 나 글쓴인데 왜 저격질?
"한 마리 흉배 = 인생패배자" 맞잖아요ㅋ

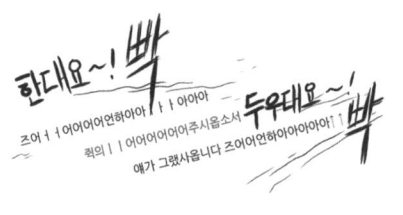

잘 낚으셨네   거짓말은 안 하셨어

끝.

정사 正史

실록에 기록된 것

- 관료들의 품계를 구별하기 위해 흉배 사용하다.
- 조선 초, 흉배를 사치품으로 분류하여 도입을 주저하다가 단종 대에 비로소 사용하다.
- 가장 유명한 것이 학과 호랑이일 뿐, 해치, 기린 등 다양한 동물이 흉배 도안에 들어가다.
- 당상관(정3품 통정대부, 절충장군 이상)은 동물 두 마리, 당하관(이하 품계)은 동물 한 마리를 넣다.
- 당상관과 당하관은 대접부터 달랐다. 당상관에게는 면 옷을, 당하관에게는 베옷을 주었으며, 행사 때 연주해주는 음악도 달랐다.
- 고위관직, 점차 세습화되어 일주 가문에서 독점하다. 자기들만의 세상 만들다.

깨알상식

- 흉배 속 용의 발가락 개수

→용보

왕 : 5
세자 : 4
세손 : 3

조선 전반.

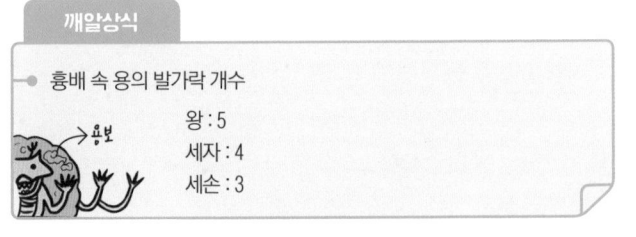

건국 1392   1500   1600   1700   1800   망국 1910

- 여덟 번째 이야기 -
조선시대의
턱시도와 웨딩드레스

조선은 엄격한 신분 사회였기에 출세, 결혼, 주거지, 의복 등에 이르기까지 모두 신분에 따른 제한이 있었다. 아무리 똑똑하다고 해도 신분이 천하면 과거시험을 볼 수 없었고, 아무리 돈이 많다고 해도 신분이 모자라거나 관직 없이는 관복이나 흉배를 두를 수도 없었으며 무늬 있는 비단옷도 걸칠 수 없었다. 만약 금지된 옷을 입으면 잡혀가 이런저런 고초를 치르거나 몇 년씩 옥살이를 했다. 특히 조선 후기, 신분은 중인이지만 돈을 많이 벌어 부자가 된 역관들이나 의관들이 이런 문제에 자주 얽히곤 했다. 현대 민주 사회의 시각에서는 참 쓸데없는 부분에 사회적 비용과 에너지를 낭비하는 일일 뿐이다. 이처럼 사소한 데 목숨을 거는 것이 신분 제도였고, 그래서 신분 제도가 사라진 사회는 그렇지 않은 사회보다 발전한 형태의 사회인 것이다.

조선 사람에게는 일생에 단 한 번, 이런 금지된 옷들을 마음대로 입을 수 있는 기회가 있었다. 바로 결혼식이었다. 남자의 혼례복은 '사모단령'이라고 하는데 단령團領이란 관리들의 평상복이다. 사모란 까만 모자에 날개가 두 개 달려있는 관리들의 모자이다. 오늘날에도 텔레비전이나 실제 전통 혼례식에서 사모를 쓰고 파란 단령을 입은 신랑을 볼 수 있다. 이 옷에 흉배를 다는데 학 두 마리가 수놓여 있는 게 보통이었다. 원래 신분이 어떻건 아무 문제없이 누구나 쌍학흉배를 달 수 있는 합법적인 날이었다. 여기에 각대라는 뿔을 깎아 만든 허리띠도 두르고, 신발 역시 목화木靴라는 종아리까지 올라오는 긴 신발을 신어 완벽한 관복 코디를 갖추었다. 이 모든 것들은 높은 관리가 아닌 이상 몸에 두를 수 없는 것이었지만 앞에서 말했듯 결혼식 날에는 양반이 아닌 서민이라고 해도 모든 복장의 금기에서 벗어나 가장 좋은 것을 입을 수 있었다. 그렇다 해서 곤룡포를 입을 수는 없었지만 말이다.

이는 여자도 마찬가지였다. 신부는 붉은색의 화려한 옷을 입는다. 이것은 활옷 아니면 원삼圓衫인데, 원삼은 중국에서 수입된 옷으로 신라시대 이래로 쭉 왕실 여자들의 옷이었다. 왕비와 공주, 옹주에 이르기까지 두루 입었으며 왕비는 붉은색, 공주나 옹주는 녹색 원삼을 입었다. 즉 전통 혼례에서 신부가 입는 붉은 예복은 원래 왕비의 옷이었다. 활옷은 원삼과 비슷하지만 옷자락에 십장생, 연꽃, 모란 등 상서로운 무늬를 가득 수놓은 몹시 화려한 옷이었다.

신부는 상의로 원삼과 활옷을 걸칠 수 있었을 뿐 아니라 하의도 길이가 길고 단까지 덧붙인 스란치마를 입을 수 있었다. 원래 조선은 신분에 따라 입을 수 있는 여자의 치마폭 길이도 제한했지만, 혼례날만큼은 풍성한 치마가 허용되었다. 여기에 붉은 비단에 금박을 찍은 허리띠인 홍대, 머리에 쓰는 화관, 족두리, 비녀도 왕실 수준의 것을 얼마든지 사용할 수 있었다.

원래대로라면 이런 옷은 서민이 입기는커녕 쳐다보기도 힘든 옷이었지만 조선 후기에 이르면서 대표적인 결혼 예복이 된다. 물론 몹시 비쌌던 데다 오직 결혼식 딱 하루만 입을 수 있었기에 빌려 입었고, 그래서 공주와 옹주의 후손들은 선조의 옷을 빌려주는 일을 하기도 했다고 한다.

결혼식 날만큼은 누구나 주인공이 될 수 있는 인생 최고의 날로 여겨 금지된 옷을 입을 수 있었으니 이는 요즘의 턱시도, 웨딩드레스나 마찬가지였을 것이다. 평소에 입지 못했던 좋은 옷들을 입으니 당연히 신랑신부의 기분은 하늘에 닿을 듯 즐거웠겠지만, 그래도 역시 누구나 입고 싶은 옷을 자유롭게 입을 수 있는 민주주의 사회가 제일인 듯하다. 조선왕조실록

2부

라이프 스타일 탐구

기쁠 때나 슬플 때나, 가난할 때나 부유할 때나
입고 먹고 놀고 서로 힘을 합쳐 살아갔던 사람들!
사람 사는 모습, 지금과 조선은 얼마나 달랐을까?

하나요 줍줍줍

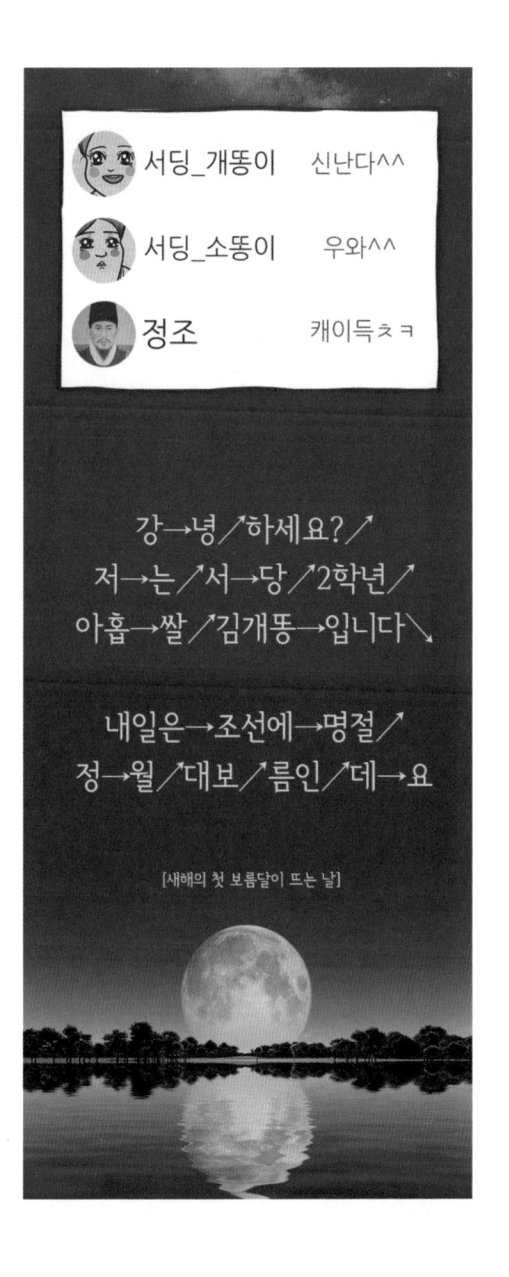

서딩_개똥이　신난다^^

서딩_소똥이　우와^^

정조　캐이득ㅊㅋ

강→녕/하세요?/
저→는/서→당/2학년/
아홉→쌀/김개똥→입니다＼

내일은→조선에→명절/
정→월/대보/름인/데→요

[새해의 첫 보름달이 뜨는 날]

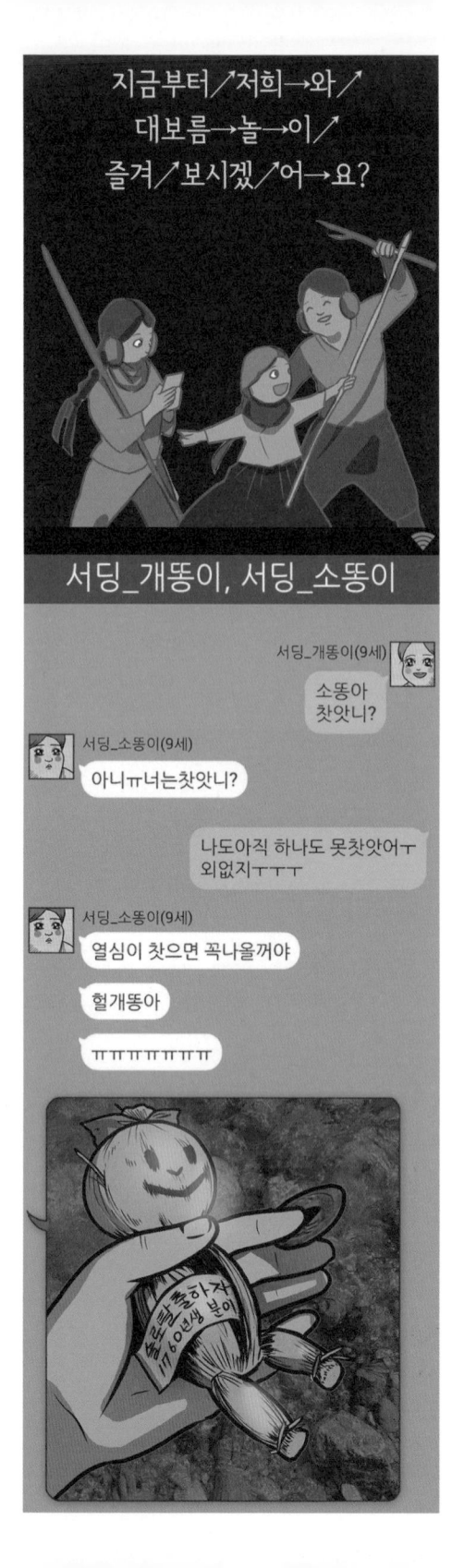

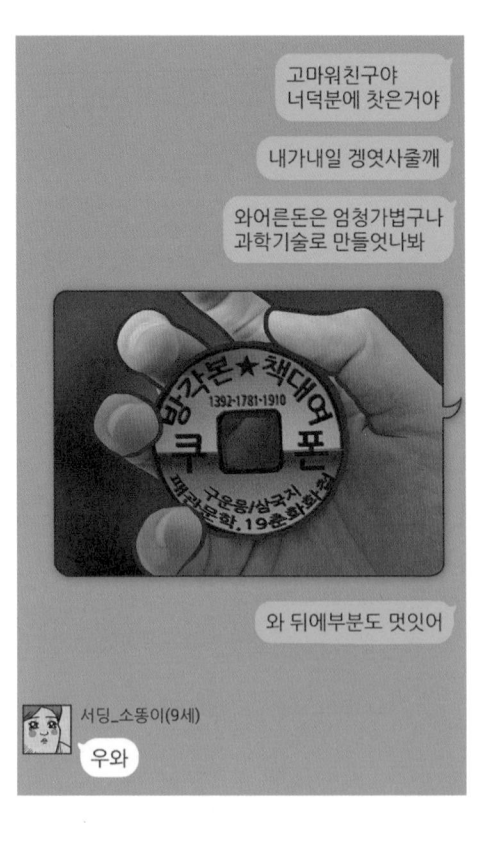

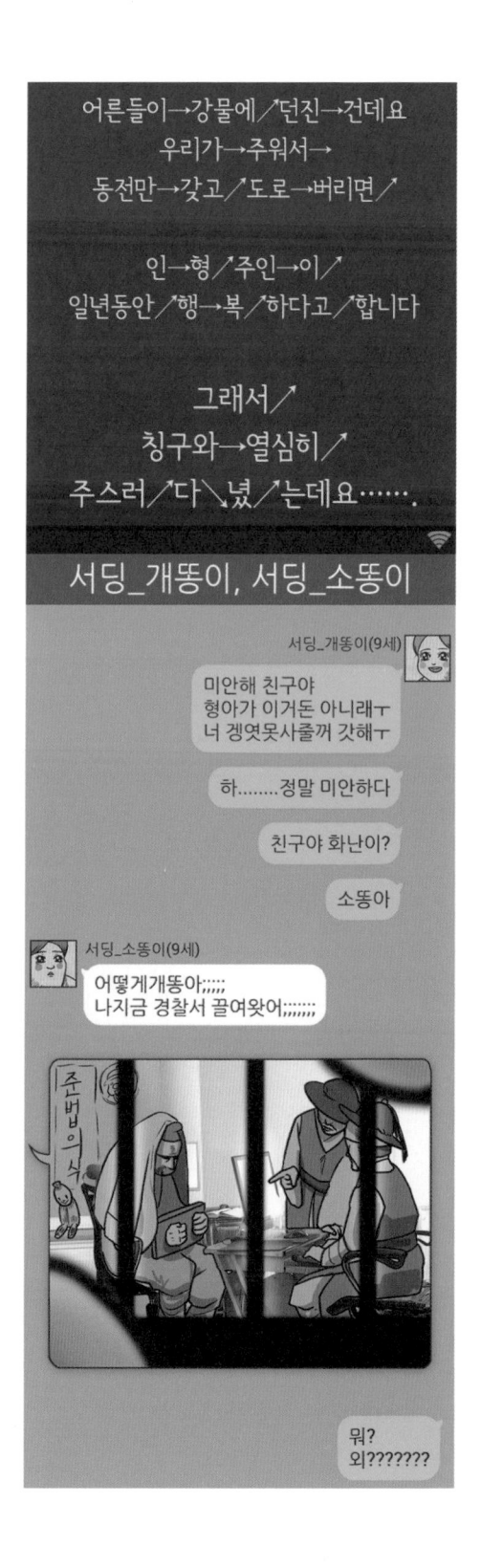

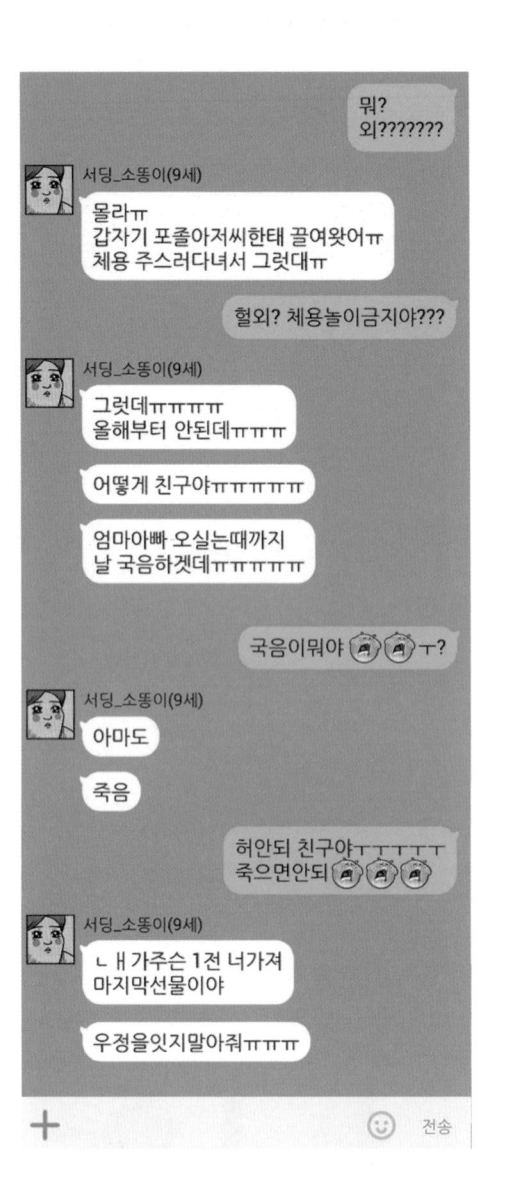

셋이요

조인트

소똥이는→풀려→났지만／
너무나→／무서웠／습니다＼
아줌마도→울었→／는데요＼

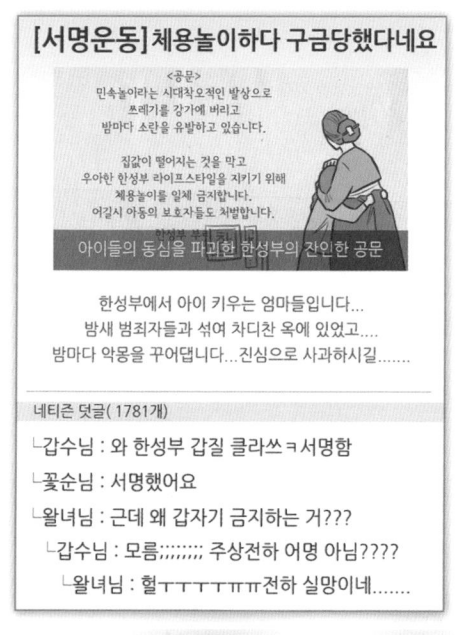

[서명운동] 체용놀이하다 구금당했다네요

<공문>
민속놀이라는 시대착오적인 발상으로
쓰레기를 강가에 버리고
밤마다 소란을 유발하고 있습니다.

집값이 떨어지는 것을 막고
우아한 한성부 라이프스타일을 지키기 위해
체용놀이를 일제 금지합니다.
어길시 아동의 보호자들도 처벌합니다.

아이들의 동심을 파괴한 한성부의 잔인한 공문

한성부에서 아이 키우는 엄마들입니다...
밤새 범죄자들과 섞여 차디찬 옥에 있었고....
밤마다 악몽을 꾸어댑니다...진심으로 사과하시길......

네티즌 덧글(1781개)

└갑수님 : 와 한성부 갑질 클라쓰ㅋ서명함

└꽃순님 : 서명했어요

└왈녀님 : 근데 왜 갑자기 금지하는 거???

　└갑수님 : 모름;;;;;;;; 주상전하 어명 아님????

　　└왈녀님 : 헐ㅜㅜㅜㅜㅠㅠ전하 실망이네.......

결국이→소식은↗
임금님→귀에도↗
들↘어↗가↘게↗되→었↗는데요

정조, 도승지

주상전하_정조
뭔소리야
나 암말도 안했는데?

육조 결정인가?

비서실장 도승지
아뇨 육조에서도 한성부에
공문 보낸 적 없답니다ㅇㅇ;

한성부청 단독으로 저러나본데요?

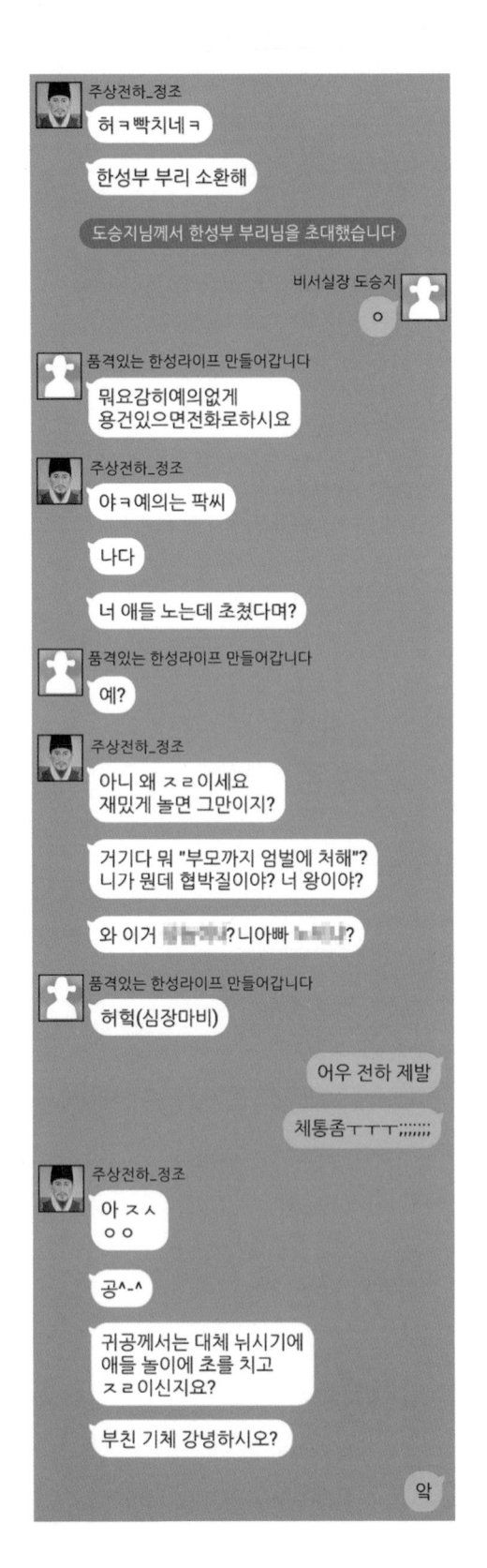

주상전하_정조
허ㅋ빡치네ㅋ

한성부 부리 소환해

도승지님께서 한성부 부리님을 초대했습니다

비서실장 도승지
ㅇ

품격있는 한성라이프 만들어갑니다
뭐요감히예의없게
용건있으면전화로하시요

주상전하_정조
야ㅋ예의는 팍씨

나다

너 애들 노는데 초쳤다며?

품격있는 한성라이프 만들어갑니다
예?

주상전하_정조
아니 왜 ㅈㄹ이세요
재밌게 놀면 그만이지?

거기다 뭐 "부모까지 엄벌에 처해"?
니가 뭔데 협박질이야? 너 왕이야?

와 이거 ▓▓▓▓?니아빠 ▓▓▓▓?

품격있는 한성라이프 만들어갑니다
허헉(심장마비)

어우 전하 제발

체통좀ㅜㅜㅜ;;;;;

주상전하_정조
아 ㅈㅅ
ㅇㅇ

공^-^

귀공께서는 대체 뉘시기에
애들 놀이에 초를 치고
ㅈㄹ이신지요?

부친 기체 강녕하시오?

악

워우 키보드워리어

로또 당첨되려면
얼마나 넣어야 할까

워우

글쎄 한 십억?

파씨

정사 正史

실록에 기록된 것

- 정월대보름(상원일上元日)은 조선 사람들에게 농사 시작을 알리는 중요한 명절.
- 체용놀이 : 액년을 맞았거나 안 좋은 일을 당한 사람이 지푸라기 인형 속에 이름을 적은 종이와 함께 동전을 넣어 내버렸다.
- 1781년(정조 5), "매년 아이들이 체용놀이를 하며 즐겼는데, 한낱 하급 관리(동대표)들이 그것을 금지했습니다" 하는 상소 올라오다.
- 정조, "귀신놀이가 불경스럽긴 하지만 하나의 축제이다. 그런데 마치 내 명인 것처럼 거짓말을 하고 어버이마저 죄 준다 운운했다니 매우 무례하다. 백성들이 나의 명인지 아닌지를 어떻게 분간하겠나? 최근 전통 풍습 명맥이 끊겨 안타깝던 차에 저런 짓을 하다니, 아주 엄하게 다스려 매를 칠 것이다" 명하다.
- 정조, 평소 "차마 들을 수 없는 말"을 자주 하다.

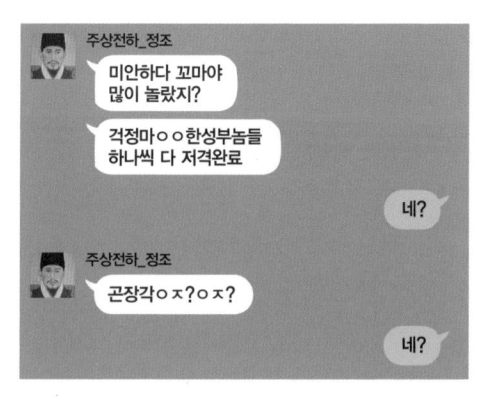

주상전하_정조

미안하다 꼬마야
많이 놀랐지?

걱정마ㅇㅇ한성부놈들
하나씩 다 저격완료

네?

주상전하_정조

곤장각ㅇㅈ?ㅇㅈ?

네?

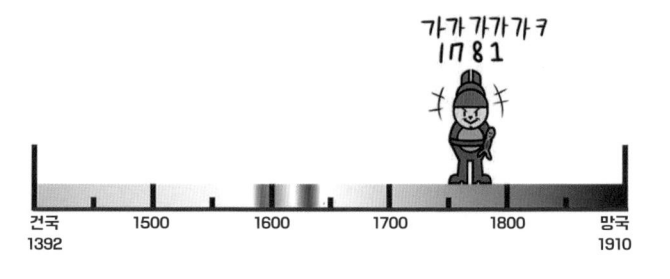

가가 가가가ㅋ
1781

- 아홉 번째 이야기 -
인형의 저주

부두교 때문일까, 아니면 일본 문화의 영향일까? 짚으로 만든 인형이라고 하면 왠지 못을 박거나 주문을 외워 누군가를 저주해야 할 것 같은 기분이 든다. 우리나라의 짚 인형은 제웅이나 추인芻시이라고 했다. 무술 훈련을 할 때 활을 쏘거나 칼을 쓰는 연습용 짚 인형을 일컫는 말이기도 했다.

우리나라의 제웅은 저주 인형과 달리 사람의 액운을 대신 가져가는 인형으로 쓰였다. 하지만 그 이면에서는 역시 남을 저주할 때도 사용되었다. 왕비 자리에서 쫓겨난 장희빈이 인현왕후를 저주할 때 짚 인형을 썼다는 이야기가 있지만 이것은 야사에 가까우며 1492년(성종 23), 성균관에서 있었던 저주 인형 사건이 더 명확한 기록으로 남아 있다.

사건은 지방 출신의 유생 황필이 성균관에서 놋쇠 그릇을 사면서 시작되었다. 성균관 안에는 그릇 가게가 없었으며, 상인이 직접 성균관까지 가지고 들어온 물건을 황필이 그 자리에서 골라 구입했던 것이다. 그러자 주변 유생들은 "황필은 양반인데도 장사꾼처럼 물건을 골랐으니 쫓아버려야 한다"며 법석을 떨었다. 돈을 천하다 여겨 직접 손으로 만지지도 않는다는 이들이 당시의 양반이었다.

하지만 이유는 그것만이 아니었다. 황필은 공부를 잘했고, 임금이 주최한 글짓기 대회에서 1등을 할 정도로 뛰어난 인물이었다. 그래서 주변 사람들이 시기해 마지 않던 와중 마침 좋은 꼬투리가 생겨 트집을 잡는 것이라는 소문도 돌았다. 남의 사소한 흠을 잡아 발목을 잡아채려는 비겁한 경쟁은 지금이나 조선시대나 마찬가지였던 것이다.

황필에게도 나름의 사연이 있었다. 그가 그릇을 산 것은 어머니 심부름 때문이었다. 어머니를 위해서라면 양반 체면을 구겨도 상관없다! 이 말인즉 황필이 효자라는 뜻이었다. 효자라면 또 껌벅 죽는 게 유교의 나라 조선 아니던가. 그래서 임금은 황필과 그를 쫓아내자는 사람들 모두 처벌하지 않았다.

사건은 억울하게 모함을 받은 효자의 이야기로 끝나는 듯했다. 그러나 너그러운 임금의 대처에도 불구하고 황필을 비롯한 유생들끼리의 갈등은 점점 격렬해졌고, 한 달 뒤 성균관에서 수수께끼의 사건이 터졌다. "ㅇㅇ는 나쁜 놈! 다 죽여버려야 해!"라고 쓴 대자보가 성균관 벽에 붙었고, 목이 잘려진 짚 허수아비가 발견되었다. 허수아비의 몸에는 "네 머리 어디 갔니? 칼에 날아가버렸지"라는 글이 쓰여 있었다고 한다.

벽보가 지적하는 사람들은 모두 한 달 전 그릇 사건으로 황필과 다퉜던 사람들이었다. 그러니 당연히 저주의 용의자 1순위는 황필이 될 수밖에 없었다. 성종은 이 사건을 제대로 조사하라며 국문까지 벌였는데, 황필은 자신이 한 일이 아니라고 강력하게 결백을 주장했다. 기존의 얽히고설킨 원한이 있어서인지 오만 가지 고자질이 날아들었다. 사실관계도 마구 뒤엉켜버려 결국 사건 조사는 엉망이 되어, 벽보를 붙인 것도 인형을 만든 것도 누구인지 알 수 없는 채로 흐지부지 끝나고 말았다.

황필과 싸운 사람들을 저주하는 벽보를 써 붙인 사람은 누구일까? 영영 알 수 없는 일이지만, 야심으로 가득한 젊은이들이 모인 성균관이니 누군가를 미워하거나 서로 갈등을 빚는 일도 없지는 않았을 것이다. 현대 사회의 사람들 역시 목표를 두고 경쟁하다 보면 목표보다는 경쟁 그 자체에 매달리게 되듯이 말이다.

큰 스캔들에 시달렸지만 황필은 이 사건을 딛고 일어나 과거에 좋은 성적으로 급제해 성균관 교수가 되어 후배들을 가르치기도 하고, 암행어사 일을 하기도 했으며 나중에는 뇌물 사건에 연루되기도 하는 등 박진감 넘치게 살았다. 그러다 시간이 지나며 인형 이야기는 쏙 들어가고 "억울한 누명을 쓰고 성균관에서 쫓겨났던 사람"이라는 소문만 남게 되었다.

황필이 한참 그릇 사건으로 온갖 구박을 당하고 있었을 무렵 그를 도와준 사람이 있었는데 바로 유자광이었다. 그는 황필을 성균관의 명륜당으로 데려가 다른 사람들 앞에서 "황필은 아주 훌륭한 사람"이라며 칭찬했고, 힘 있는 유자광이 그런 말을 하자 사람들은 모두 꿀 먹은 벙어리가 되었다. 황필은 힘든 시기 자신을 도와준 은혜를 잊지 않고 유자광과 가깝게 지냈는데 유자광 역시 악명이 높은 사람이었던 탓에 황필은 오히려 더 따돌림당하는 신세가 되었다고 한다. 어쩌면 이것이 진정한 인형의 저주였을지도?

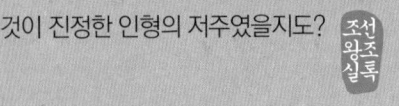

10
[BJ흥부] 흙 먹어봤니? [먹방]

7년 만에 끝난
<임진왜란>

전쟁은 끝났지만,
온 땅이 불타고 망가져
농사조차 짓지 못해

우리 조선 백성 열에 아홉이
굶어 죽고 있다.

아불익가TV

LIVE BJ흥부 찰진먹방!

시청자수
1592명

※BJ놀부는 아파서 쉽니다

입장

그리고
유난히 배고픈 오늘 밤,
잠들지 못한 나는

조선왕조실톡

홀린 듯
'그'를 찾아간다……

- (덜걱)

★ "나"님께서 입장하시었소. 불법정보/스팸덧글은 금지라오.

돌쇠   ㅎㅇ

(-_-)밥좀주세요(_ _)   한양/남21

★덧글은 곧 나의 얼굴입니다~^^   보내기

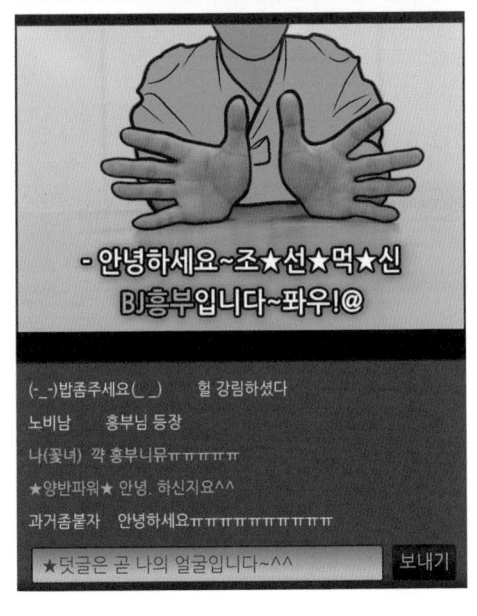

- 안녕하세요~조★선★먹★신
BJ흥부입니다~퐈우!@

(-_-)밥좀주세요(_ _)   헐 강림하셨다

노비남   흥부님 등장

나(꽃녀) 꺅 흥부니뮤ㅠㅠㅠㅠㅠ

★양반파워★ 안녕. 하신지요^^

과거좀붙자   안녕하세요ㅠㅠㅠㅠㅠㅠㅠㅠㅠ

★덧글은 곧 나의 얼굴입니다~^^   보내기

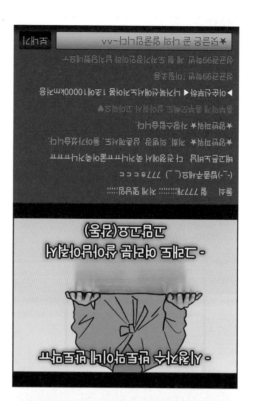

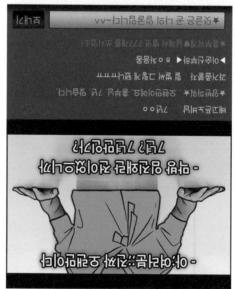

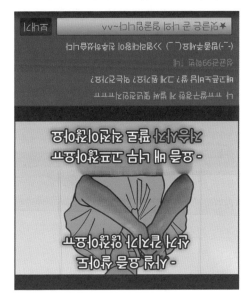

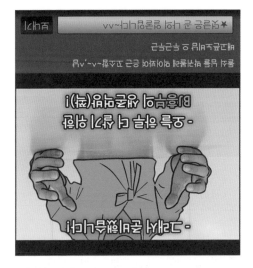

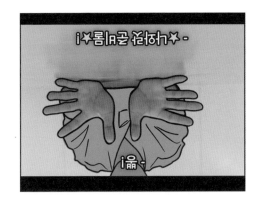

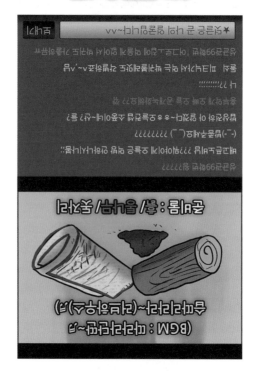

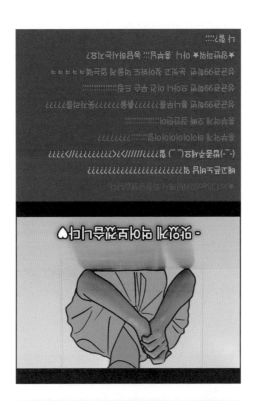

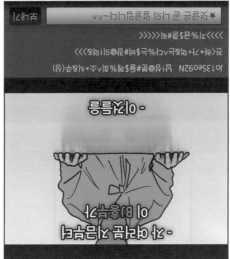

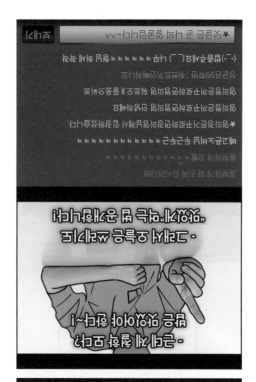
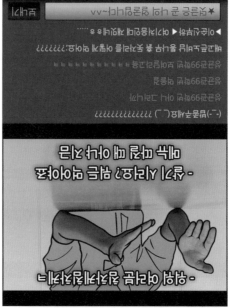

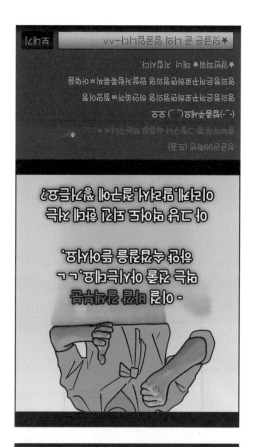
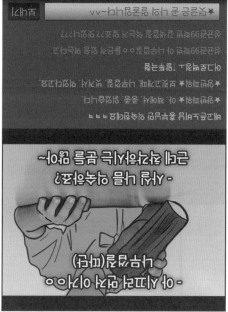

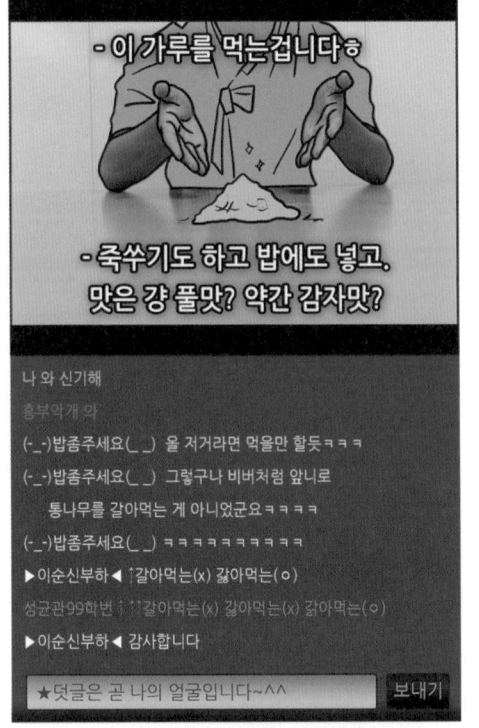

나 와 신기해

흥부악개 와

(-_-)밥좀주세요(ㅡ_ㅡ) 올 저거라면 먹을만 할듯ㅋㅋㅋ

(-_-)밥좀주세요(ㅡ_ㅡ) 그렇구나 비버처럼 앞으로
   통나무를 갈아먹는 게 아니었군요ㅋㅋㅋㅋ

(-_-)밥좀주세요(ㅡ_ㅡ) ㅋㅋㅋㅋㅋㅋㅋㅋㅋ

▶이순신부하◀ ↑갈아먹는(x) 갉아먹는(ㅇ)

성균관99학번 ↑↑↑갈아먹는(x) 갈아먹는(x) 갉아먹는(ㅇ)

▶이순신부하◀ 감사합니다

★덧글은 곧 나의 얼굴입니다~^^ | 보내기

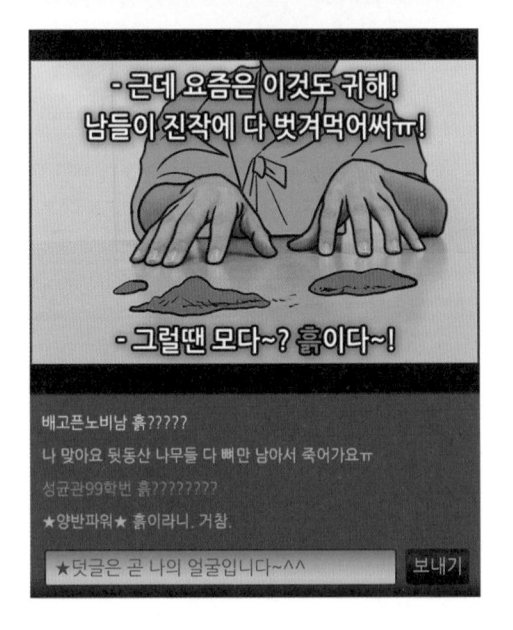

배고픈노비남 흙?????

나 맞아요 뒷동산 나무들 다 뼈만 남아서 죽어가요ㅠ

성균관99학번 흙????????

★양반파워★ 흙이라니. 거참.

★덧글은 곧 나의 얼굴입니다~^^ | 보내기

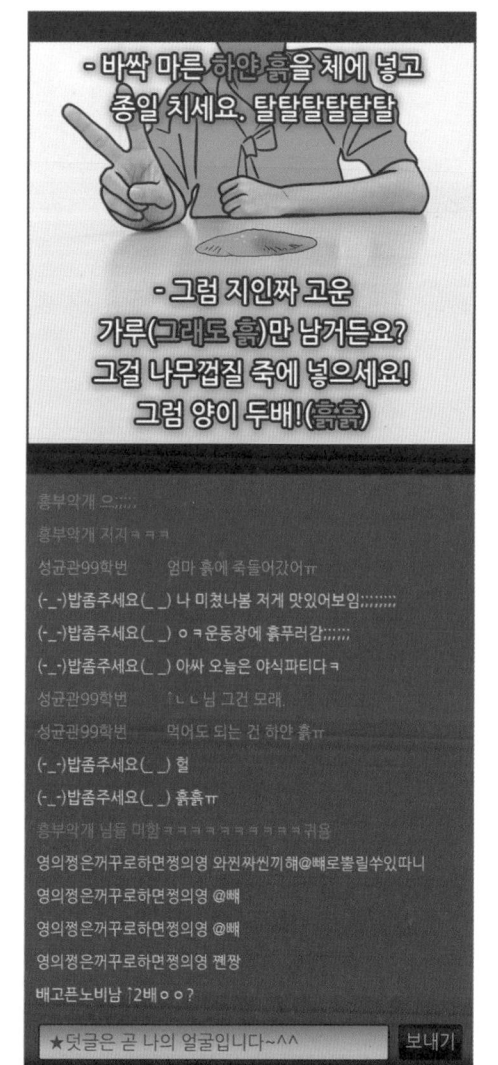

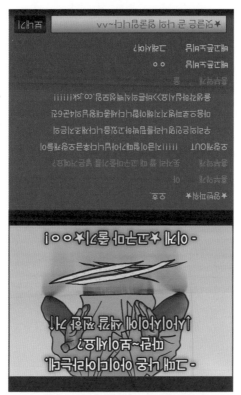

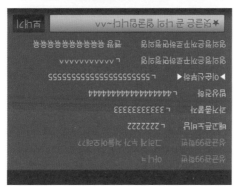

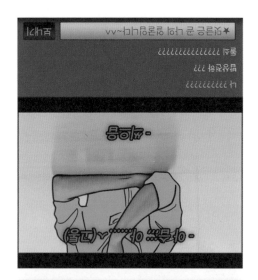

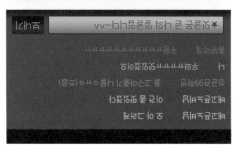

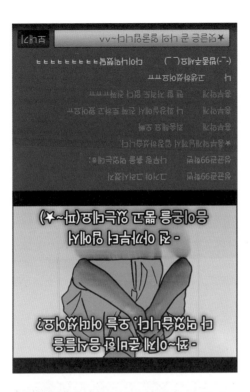

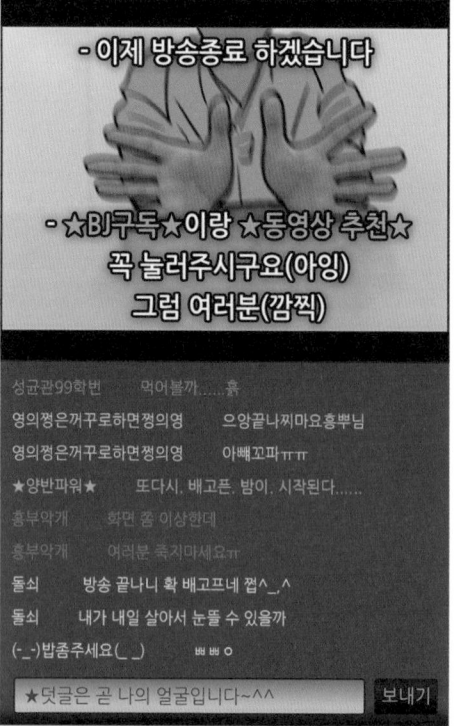

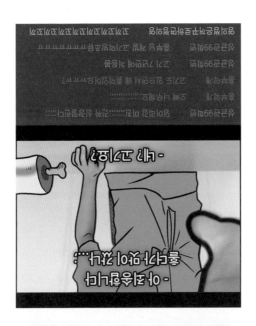

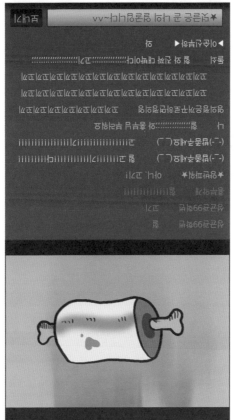

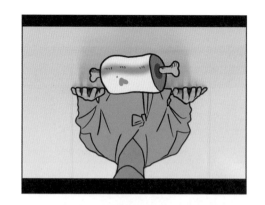

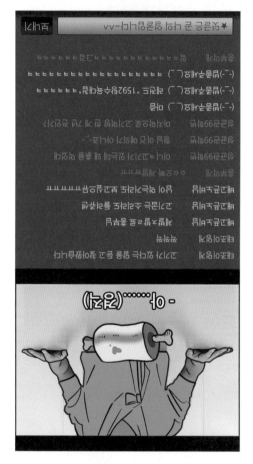

영의쩡은꺼꾸로하면쩡의영　　　？
▶이순신부하◀　　　　외웃죠
▶이순신부하◀　　　　탕수육대첩이모죠
나　　？
홍부약개　　ㅋㅋㅋㅋㅋㅋㅋㅋㅋㅋ
성균관99학번　　아 탕수육ㅋㅋ뎋ㅋㅋㅋㅋ첩ㅋㅋㅋㅋㅋ
성균관99학번　　그때 진짴ㅋㅋㅋㅋ처웃었는뎋ㅋㅋㅋㅋㅋ
(-_-)밥좀주세요(_)　ㅋㅋㅋㅋㅋㅋㅋㅋㅋㅋㅋ
(-_-)밥좀주세요(_)　탕수육대첩이 머냐면
(-_-)밥좀주세요(_)　홍부님 파트너 있잖아요 BJ놀부님
(-_-)밥좀주세요(_)　월래 형제가 같이 방송을 해요
(-_-)밥좀주세요(_)　근데 예전에 홍부놀부 두분이
　　　　　　　　　　　탕수육먹방을ㅋㅋㅋㅋ했었는데ㅋㅋㅋㅋ
성균관99학번　　ㅋㅋㅋㅋㅋㅋㅋㅋㅋㅋ
성균관99학번　　홍부님은 부먹인뎋ㅋㅋㅋㅋㅋ
　　　　　　　　놀부님은 찍먹이었던거짘ㅋㅋㅋㅋㅋ
홍부약개　　ㅋㅋㅋㅋㅋㅋㅋㅋㅋㅋ

★덧글은 곧 나의 얼굴입니다~^^　　　보내기

- BJ놀부 : 부먹의 요정이여★
빛으로 얍(퍽)

(-_-)밥좀주세요(_)　　홍부님이 몰래 소스 확 부어버렸는데
(-_-)밥좀주세요(_)　　빡친 놀부님
(-_-)밥좀주세요(_)　　탕수육소스 홍부님한테 투척하곸ㅋ
성균관99학번　　근데 그릇이 넘나 뜨거워서
　　　　　　　　결국 놀부형이 다 뒤집어쓰곸ㅋㅋㅋㅋ
홍부약개　　난장판ㅋㅋㅋㅋㅋㅋㅋ
영의쩡은꺼꾸로하면쩡의영 ?　　헐

★덧글은 곧 나의 얼굴입니다~^^　　　보내기

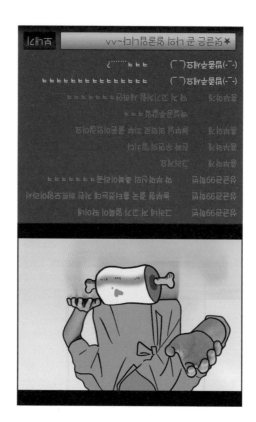

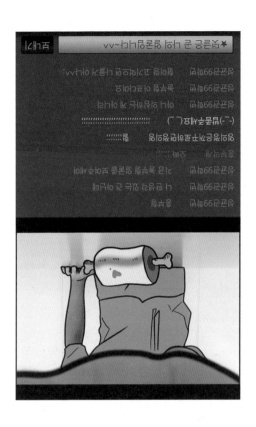

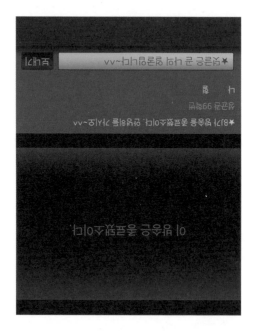

임진왜란 및 정유재란 후
선조, 어명하기를

이 방송은 흥료됐소이다.

으아아아아악……
까아아아익……
소오오오름……
형 의금부……

"심한 굶주림으로
부모, 형제, 이웃간에
서로 잡아먹는다 하니"

"그러지 못하게 하라."

[속보]인기BJ흥부,형 살인죄로 체포

형 잡아먹다 방송사고로 돌통…"너무 배고팠다"

형 놀부와 평소 사이 나빠…다툼 뒤 우발적 범행
흥부, "내가 선수치지 않았으면 형이 날 잡아먹었을 것"
굶주림을 이유로 살인, 이제 엄벌에 처해야

네티즌 덧글(1598개)

└jo13seon92 : 정@력#증$강%>>>클릭<<<<

꺄아아악

꺄아아악

 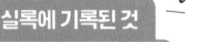

- 흉년, 전쟁으로 인한 기근에 백성들이 굶주릴 때, 나라에서 나무껍질, 풀뿌리, 짚 등을 가공해 먹는 방법을 백성들에게 가르치다.
- 왜, 조선에서 전쟁 중 성에 갇혀 오도 가도 못한 채 식량난에 시달린 악몽 탓에 돗자리, 지붕 이엉 등에 말린 나물 등을 섞어 엮도록 하다.
- 1594년(선조 27), 임진왜란 휴전 중 기근이 극도에 이르러 백성들이 사람의 고기를 먹으면서도 전혀 괴이하게 여기지 않는다며 강력히 처벌할 것을 사헌부가 청하다.

기록에 없는 것 /픽션

- 먹방 중계는 없었다.

일진왜란 전후.

건국 1392 　　1500　　1600　　1700　　1800　　망국 1910

- 열 번째 이야기 -
사람 간 파먹는 사람들

『실록』에 창질瘡疾, 나질癩疾로 기록된 병이 있다. 나병이라고도 불리는 요즘의 한센병이다. 피부가 썩고 신체 일부가 없어지는 병으로 아주 오랫동안 사람들에게 공포의 대상이 되어왔다. 지금은 의학이 발달해 한센병도 치료를 하고 있지만 옛날에는 한센병 환자들을 혐오의 대상으로 여겨 격리하거나 추방해 환자들은 떠돌며 구걸을 해야 했고 때론 죽임을 당하기까지 했다. 성경에도 나병 환자에 대한 혐오 표현이 등장한다.

그런데 이 나병에 사람, 그중에서도 어린아이의 간이나 쓸개가 특효약이라는 잘못된 속설이 있었다. 왜 하필이면 간이었을까? 곰의 쓸개인 웅담이나 소의 쓸개에서 나온 우황은 지금까지도 명약 대접을 받고 있다. 『세종실록지리지』에서 소, 돼지, 잉어, 담비, 고슴도치의 쓸개도 모두 특산물 취급을 할 만큼 간과 쓸개는 아주 오랫동안 약으로 여겨져왔다. 고통스러운 병을 앓는 사람들의 절박한 마음이 '그렇다면 사람의 간은 더 효능이 좋지 않을까?'라는 헛된 생각을 불러일으켰을 것이다. 그 때문에 살인이 벌어지기도 했다.

1564년(명종 19), 정은춘이라는 사람이 동네의 어린아이를 납치해 쓸개를 꺼내고 살을 구워 먹은 사건이 벌어졌다. 이 사실이 조정에 알려지자 명종은 자세히 사건을 취조하도록 특별히 명령을 내렸다. 『실록』에는 자세한 이야기가 없지만 정은춘은 아마 나병을 앓고 있지 않았을까 짐작된다.

이후로도 무시무시한 사람 사냥은 계속되었다. 1566년 즈음 조선에는 방종한 생활 덕에 창병이 크게 유행했다고 한다. 그런 중 한 의관이 사람의 간을 먹으면 병이 낫는다고 말해 사람을 죽여 간을 빼 먹는 일이 벌어졌다. 『실록』에 따르면 당시 서울의 활인서나 보제원, 종루 근처에는 걸인이나 부랑자들이 살았는데 약을 구하려는 사람들이 이들을 하나둘 잡아가 쓸개를 빼내 죽였다. 원래부터 집도 절도 없이 떠돌아다니는 이들이었으니 설령 죽는다 해도 아무도 신경 쓰지 않는다는 점을 노렸으리라. 사람 사냥 탓에 4~5년 만에 걸인이 모두 사라지자 사람의 간을 노리는 이들은 어린아이들을 다음 목표물로 삼았다.

당연히 조선 왕조는 이런 끔찍한 사람 사냥을 근절하려고 골머리를 앓았지만 제대로 되진 않았다. 그래서 1576년(선조 9)에는 임금이 직접 "배를 갈라 사람을 죽인 이를 체포하라"는 특명을 내리게 된다. 사람의 고기와 간, 쓸개가 명약이라며 비싸게 팔리자 이제 돈을 벌기 위한 사람 사냥이 공공연하게 벌어졌기 때문이다. 자신을 지킬 힘이 없는 아이들은 물론 어른이라 해도 혼자서 다니면 붙잡혀 내장을 빼앗기는 무시무시한 사건이 끊임없이 벌어졌다. 심지어 조직적으로 사람 사냥을 하고 다니는 범죄 집단이 있었고 이들은 사람의 간을 중국에 약재로 팔기까지 했다 한다. 이즈음 나무꾼들이 나무를 하러 숲에 들어가면 나무마다 배가 갈라진 시체가 주렁주렁 걸려 있는 끔찍한 광경도 볼 수 있었다 하니 당시의 흉흉한 분위기는 보지 않아도 짐작이 간다.

1607년(선조 40)에는 다시 한 번 사람 사냥이 유행한다는 소문이 크게 돌아 서울의 사람들은 항상 무리를 이루어 다닐 정도였다. 소문은 전국적으로 퍼져나가 농부들은 농사를 포기해버리고, 부인들과 선비들은 하던 일을 그만두고 산에 들어가 숨었다. 당연히 사회 불안이 계속되고 조선 정부는 살인자들을 잡으면 큰 상을 내리겠다며 방을 내걸었지만 범인은 잡히지 않았다. 그 책임을 물어 좌우 포도대장을 모두 파면하자는 의견도 있었지만 역시 크게 효과는 없었다.

어쩌다 이런 끔찍한 소문이 번지게 되었을까? 우연의 일치인지 이런 끔찍한 소문이 돌았던 시기는 나라에 심각한 가뭄이 들었던 시기와 겹친다. 먹고산다는 인간의 기본 생활이 위협받으면 당연히 사회는 불안해진다. 그러면서 범죄가 늘어나고, 사람이 사람을 죽이고 잡아먹을지도 모른다는 공포에 떠는 나날이 반복되는 것이다. 조선왕조실록

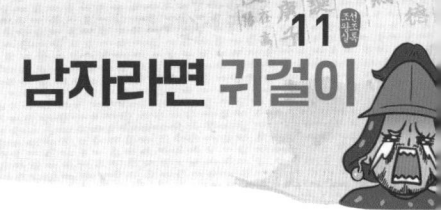

선조	솔직히 별로 -_-
장군	블링블링

하나요 스파이

때는 왜란(정유재란) 중인
1597년, 조선군 병영.

병졸
장군! 기뻐하십시오!

왜적에게 잡혀갔던
우리 조선인 병졸이 돌아왔습니다!

탈출하면서 극비정보도
가져왔답니다!

장군

이상하다-_-
우리 애들 중에 납치된 애 없는데?

왜적들이 보낸 스파이 아냐?

병졸
어 아닌데요?
우리말 진짜 잘해요;;;

부산 사투리 완전 네이티브인데;;

아냐아냐-_-
나의 20년 경력 육감이
경고를 울리고 있어-_-+)

야 좋은 생각 났다ㅇㅇ

걔 귀 사진 찍어서 보내봐

병졸
귀요;;;? 얼굴 말고요??

그래 귀!

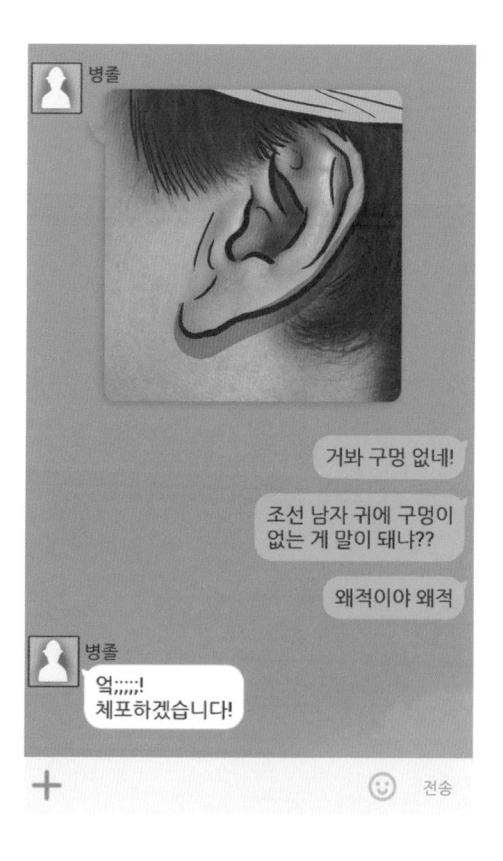

거봐 구멍 없네!

조선 남자 귀에 구멍이
없는 게 말이 돼나??

왜적이야 왜적

병졸

억……!
체포하겠습니다!

전송

둘이요

귀걸이

조선 초, 귀걸이는
여성들만의 장신구가 아니었다.
사내들도 즐겨 착용했다.

양반, 상민 가리지 않았다.

그러다 이를 꽉깨물어버리는
용진이였을 것이다.

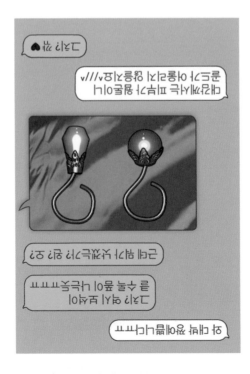

아 보기 싫어서 안되겠다

엌?

선조
내일부터 온 백성들 귀걸이 금지!

전송

신체발부 수지부모
[身體髮膚 受之父母]
『효경』

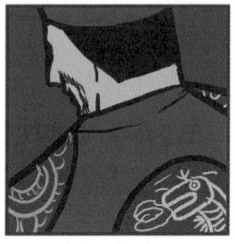

성리학 질서가 자리를 잡아,
피어싱이 불편해진 것이다.

하지만.

장군, 주상전하

선조
어명 잘 지키고 있어?

그 이후로 귀걸이 안 하는 거 맞지?

장군
아유 그럼요.

선조
떽!!!

귀걸이의 멋짐을 모르시는
전하는 불쌍해요!

＋　　　　　　　　😊 전송

남성들이 귀걸이를 포기한 것은,
그로부터 한~참 뒤였다.

사내의 화려함!
수와로부숙히
칠보귀걸이

*맘에 드는 귀걸이로 갈아입혀 보시오

조선HOMME
블링블링 맨즈 귀걸이 콜렉션

종친 같은 엘레강스!
왕자가 되고 싶나?
천연 진주를 소유하라!

역적 같은 아찔함!
치명적인 멋을 뿌려라!
수양대군 스타일
실버 스컬 귀걸이.

레트로한 골드링
제례 때만 쓸 수 없잖아?
가끔은 심플한 링으로
트렌드를 주도하라!

한 그리하였다고. 끝.

정사 正史

실록에 기록된 것

- 조선 남성들, 귀걸이를 일상적으로 착용하다. 귀한 신분일수록 큰 귀걸이 하다.
- 세종, "사대부 자제들의 귀걸이를 제외하고는 금은을 사용하지 말라" 명하다.
- 1513년(중종 8), 종친 양평군을 사칭하는 사기꾼이 나타나자 판의금부사, "양평군은 어릴 때부터 큰 진주귀걸이를 달아 귓구멍이 넓고 크다. 구멍이 없으므로 가짜"라 하다.
- 선조, 1572년(선조 5)에 "신체와 발부는 부모에게 물려받은 것이다. 우리나라의 크고 작은 사내들이 귀를 뚫고 귀걸이를 다니, 오랑캐의 풍속이 아닌가" 하며 귀걸이를 금하다.
- 그로부터 25년 후인 정유재란 중, 무장, "조선 사람의 머리를 왜적이라고 속여 바치는데, 진짜 왜적의 머리에는 귀에 구멍이 없으니 그것으로 판별한다" 하다. #효과음슴
- 장수 정기룡, 왜적의 첩자를 주의하라 하며 "귀에 구멍이 없는 자는 특히 살펴보라." - 『매헌실기』

기록에 없는 것 /픽션/

- 웜톤이란 말은 없었다.

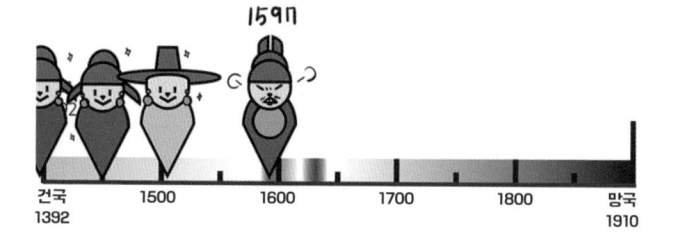

1597

건국 1392   1500   1600   1700   1800   망국 1910

- 열한 번째 이야기 -

조선 사람들의 흰옷 중독

옛부터 한반도 사람들은 백의민족이라는 이름으로도 불렸다. 백의란 흴 백白, 옷 의衣이니 흰 옷을 입는 사람들이란 뜻이다. 부여 사람들이 흰옷을 입고 다녔다는 까마득한 옛날이야기가 아니더라도 조선 사람들은 정말 흰옷을 열심히 입고 다녔다. 백의종군白衣從軍이란 말도 있듯이 백의라는 말 자체는 '벼슬을 가지지 않은 사람'을 일컫기도 했다. 하지만 굳이 특정 부류를 지칭할 것도 없을 정도로 조선인들은 흰옷을 일상적으로 입었다. 임진왜란이 한창 때인 1597년(선조 30), 직산에서 흰옷을 입고 진격하는 일본군을 보고 명나라 군대가 그들을 조선 사람들이라 생각해 태평하게 있다가 기습을 받을 정도였다. 그 정도로 조선 컬러=화이트였단 뜻이다.

흰옷, 좋다. 깨끗해 보이고 화사하다. 하지만 흰옷에는 치명적인 단점이 있다. 바로 빨래 지옥이 펼쳐진다는 점. 하얀 옷은 때가 묻으면 티가 확 난다. 게다가 당시의 옷감은 때가 아주 잘 타는 무명이나 삼베였다. 그것을 세탁기도, 제대로 된 세제도 없이 깨끗하게 빨아야 했던 것이다. 그래서 냇가는 산더미 같은 빨래를 가져다 놓고 몽둥이로 두들겨서 빠는 여자들로 언제나 북적였다. 물자가 풍부하지 않았던 시절이라 새 옷으로 갈아입기보다는 입고 있는 옷을 계속 빨아 입어야 했을 테니, 며칠이라도 빨래를 하지 않으면 당장 입을 옷이 없어졌을 것이다.

구한말 조선의 생활상을 지켜본 외국인들은 "조선 사람들은 빨래의 노예다"라고 말하기까지 했으니 그 일을 하는 사람들의 고단함이야 이루 말할 수 있을까. 게다가 옷을 입기 위해서는 빠는 것으로 끝나지 않고 옷의 주름을 펴는 다림질 과정을 거쳐야 한다. 전기가 없던 시절의 다리미란 숯불을 올려 뜨겁게 달군 쇳덩이였다. 게다가 옷을 빳빳하게 하기 위해선 풀을 먹여야 했다. 그리고 옷을 잘 개켜

돌 위에 올려놓고 다듬이질까지 해야 했다. 그 성가심과 낭비되는 시간과 노동력을 생각하면 없어져서 다행인 전통문화이다. 양반들이야 이런 귀찮은 일을 모두 노비들에게 시켰고, 그래서 이덕무는 "옷 만들고 다리는 일은 몸종이 있더라도 직접 하라"고 잔소리를 했지만 당연히 잘 지켜지지 않았다. 그만큼 힘든 일이었으니까.

그런 식으로 낭비가 많았기 때문에 나라에서는 꾸준히 색깔 옷을 도입하려 했다. "옷에 물 좀 들여서 입고 다니자!"는 것이었다. 이미 선조 때부터 일본에 보내는 사신에게 흰옷이 아니라 다른 색 옷을 입히자는 상소가 올라왔다.

이후 현종 때는 관리와 백성들에게 흰옷을 입지 말고 앞으로는 검은 옷을 입으라는 명령을 내린다. 왕명으로 지시를 내렸음에도 잘 지켜지지는 않았다. 사람들은 여전히 흰옷을 사랑했다! 몇 대 다음인 1738년(영조 14) 영조는 흰옷 대신 파란 옷을 입고 다니라는 명령을 내린다. 파란색인 이유는 오행 사상 때문이다. 이에 따르면 동쪽은 나무木이며 색은 푸른색이었다. 조선은 당시 세상의 중앙으로 여겨졌던 중국에 비해 동쪽에 있었으므로 동쪽의 나라였다.

영조가 파란 옷을 입고 다니라는 명령을 내린 뒤에도 신하들은 "우리들이 흰옷을 좋아하고 숭상하는 것을 어떻게 바꾸겠습니까?"라며 투덜댔다. 이번에도 마찬가지로 명령의 효력은 오래가지 않았다. 정조 때도 흰옷을 금지시키자는 이야기가 나와 정조는 "법으로 정했다가 지키지 않으면 법을 안 만드니만 못하다"라고 시니컬하게 말할 정도였다. 이후로도 조선 사람들의 흰옷 중독은 변함이 없어서 김홍도의 풍속화나 근대에 찍힌 사진 속에도 거리마다 흰옷을 입은 사람들이 가득하다. 그러다 해방 이후 YMCA에서 색깔 옷 입기 운동을 하고, 무엇보다 옷을 만들어 입지 않고 사 입게 되면서 차츰 이 땅 사람들의 옷에도 다양한 색이 물들여지게 되었다. 조선왕조실록

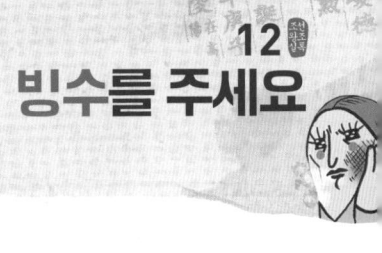
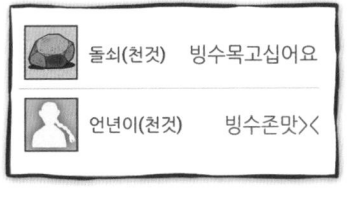

덥다.
덥다.

[김진사네 노비, 17세]

더워서 미치겠다!

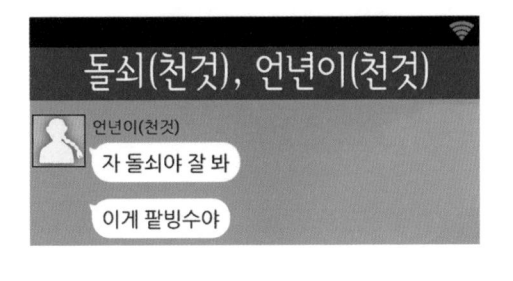

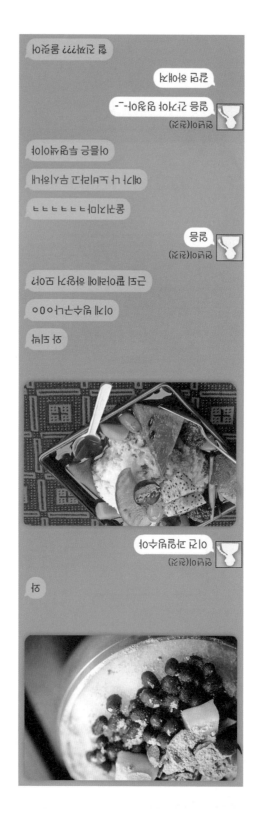

함번도 먹워본조기 엎써서……

언년이(천것)

에휴-_-불쌍한것

하긴 니가 어찌 얼음맛을알겠니

황금보다 귀한걸ㅋ

둘이요 얼음교환권

주인마님이 그러셨다.
얼음은 임금님의 보물이란다.

[빙고(얼음창고) : 나라가 관리했다. 내빙고, 서빙고, 동빙고]

K112 서빙고
西氷庫

겨울에 얼음을 캐 넣어두고,
일부 관료들에게만 나누어 주었다.

그래서 여름에도 서늘한
마법의 창고에 숨겨 두시고,
높은 신하들에게만 선물로 주신단다.

뻥인 줄 알았는데!

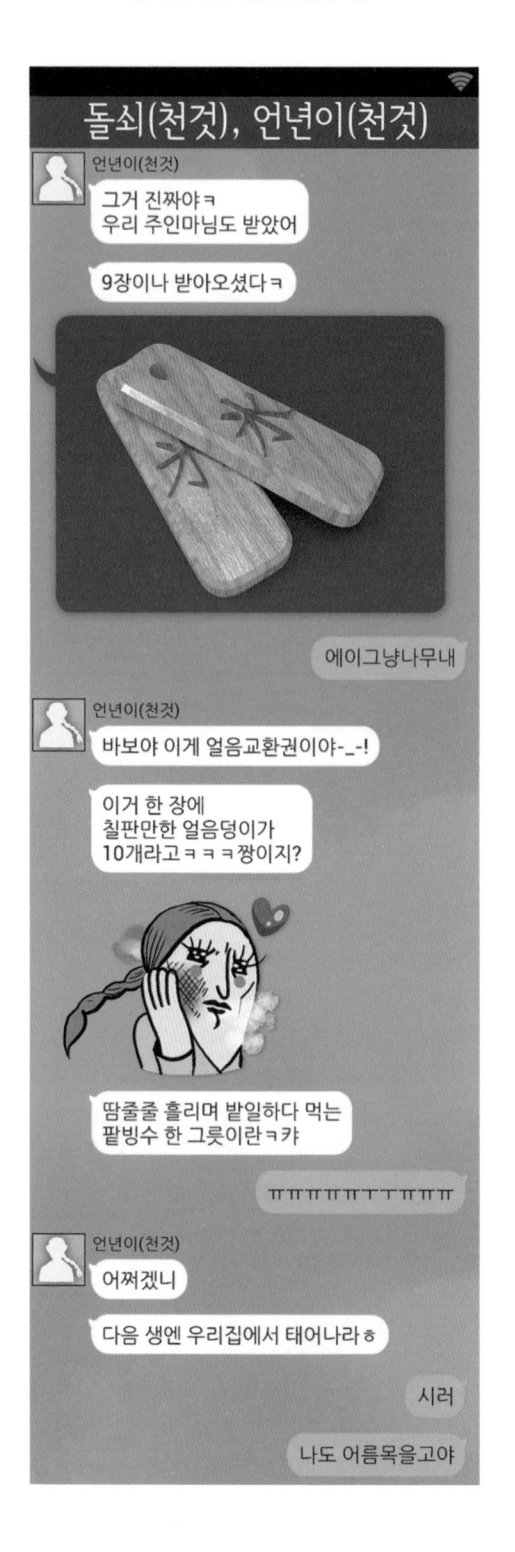

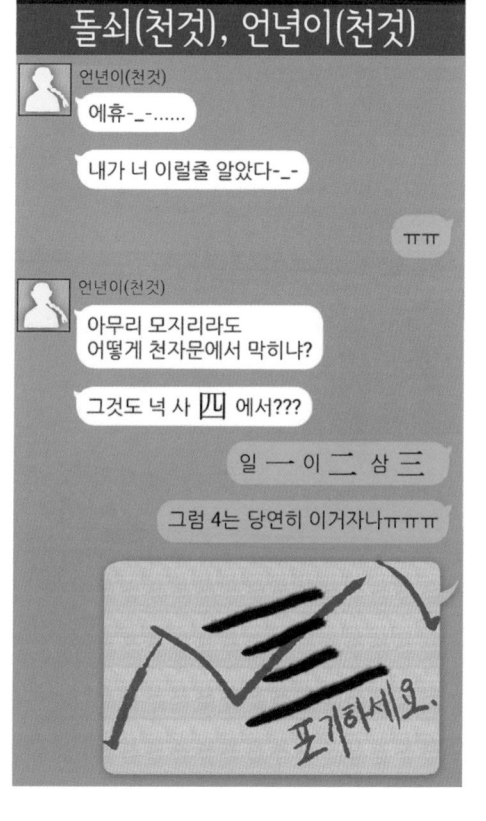

언년이(천것)
-_-으휴 화상아

됐고 잘 포기했어ㅇㅇ
사람이 분수에 맞게
살아야지 않겠니

겨울에 실컷 먹어 겨울에ㅎㅎ

ㅠㅠㅠㅠㅠ

포기못회

언년이(천것)
뭐;;;;;?

공부 다시 하려고?;;;;;
야 넌 공부뇌 아니야;;;!!!

포기못회!!!

그로부터 며칠 후.

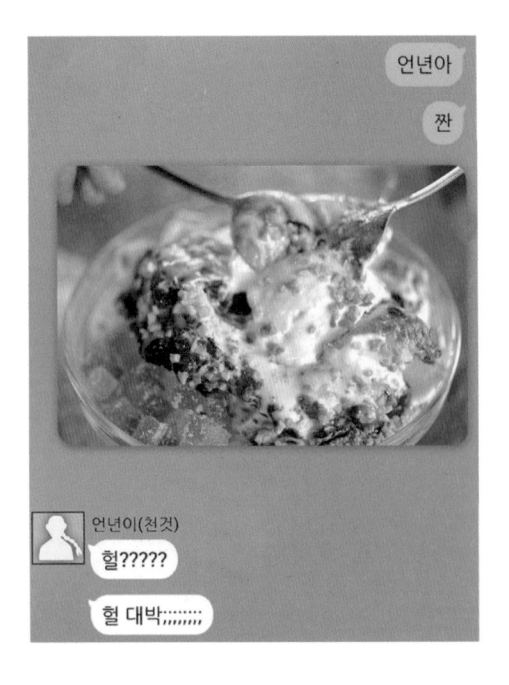

언년아

짠

언년이(천것)
헐?????

헐 대박;;;;;;;

야 너 그 귀한 얼음을 어디서 났어???

잉금임께서 주셨어^^

언년이(친것)
뭐??? 와 쩐다;;;;

너 진짜 관직에라도 오른거야??

안이

감옥 들어왔어^^

잉금임이 죄수들 불쌍해서 어름 나눠주라셨데^^

빙수존맛

언년이(친것)
야이 미친자야!!!!!

Q. 어름목고십어요ㅠㅠ
피에안끼치고감옥 갈려면
어떻해야 할까요ㅠㅠ? 내공 50~

A. 저런~ 덥죠?
그럴 땐 고을 사또께 가서,
'얼음을 내려주십사 비는 주문'을
외치세염ㅇㅇ

Q. 내? 주문이 몬데요ㅠㅠ?

[죄목 : 명예훼손]

정사 正史

- 얼음 귀하다. 양반들, 얼음 찬양하는 시 짓다.
- 임금들, 겨울에 한강 얼면 얼음을 캐내어 빙고에 저장하도록 하다.
- 반빙(頒氷) : 얼음을 나눔. 대상은 주로 궁인, 관료들.
- 빙패, 빙표 : 얼음 교환권. 품계에 따라 많고 적게 받았다.(정3품 직제학 9장, 정7~9품 4장, 퇴직 관원 1장)
- 임금들, 죄수와 환자들에게도 얼음을 나누어 주도록 명하다.

기록에 없는 것

픽션

- 조선시대에는 팥빙수가 없었다. 얼음째로 먹거나, 화채 등에 섞어 먹었 다고.

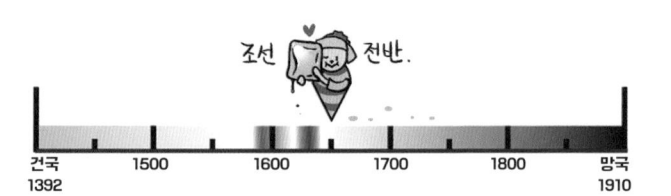

조선 ♥ 전반.

| 건국 | 1500 | 1600 | 1700 | 1800 | 망국 |
| 1392 | | | | | 1910 |

- 열두 번째 이야기 -
얼음의 별 쓸모

지금은 냉동실에서 얼마든지 만들 수 있는 얼음이지만 예전엔 그렇지 않았다. 한겨울 날씨가 몹시 추워져 한강이 꽁꽁 얼면 그 얼음을 잘라내어 창고에 넣었으니 이것이 빙고氷庫이다. 서울의 곳곳에 서빙고, 동빙고, 내빙고라는 얼음 창고들이 만들어졌고, 이외에도 각 지방에서도 얼음을 보관하는 창고가 있었다. 이렇게 쟁여둔 얼음도 녹지 않는 것은 아니었고 상대적으로 덜 녹을 뿐이었다. 처음부터 녹을 것을 감안해 많은 얼음을 떠냈고, 얼음을 떠내는 벌빙伐氷은 꽤 고된 일로 일꾼들이 동상에 걸리는 등 고생이 많았다. 때때로 이상 고온으로 얼음이 얼지 않으면 정치가 잘못된 증거라며 재상들이 사직을 하기도 했다.

굳이 고생하며 얼음을 모은 이유는 그만큼 쓸모가 많았기 때문이다. 이렇게 각 곳에서 보관한 얼음들은 특히 여름에 필요에 따라 꺼내 썼다. 이것을 반빙頒氷이라고 했다. 가장 흔히 얼음을 받았던 사람들은 관리들과 종친들이었다. 이들 외에도 일종의 국립병원인 활인서에서 병을 치료하고 있는 환자들, 의금부 및 전옥서에 갇혀 있는 죄인들에게 내려주기도 했다.

상하기 쉬운 물건을 보관할 때도 얼음은 필요했다. 해산물은 특히 그랬다. 1492년(성종 23), 사옹원 제조 유자광은 임금에게 바치는 말린 은구어銀口魚, 즉 말린 은어가 오래돼서 맛이 없다며 좀 더 신선한 물고기를 갖다 바칠 것을 제안한다. 문제는 그 은어를 잡는 곳이 경상도와 전라도였다는 것. 하지만 교활한 유자광답게 "별로 구하기 어려운 것도 아니다"라며 보고했고 성종은 꽤 구미가 당겼는지 싱싱하고 좋은 은어를 골라 얼음에 담거나 소금을 뿌려 보내라고 명을 내린다. 그로부터 7년 뒤인 1499년, 유자광은 함경도에 들렀다가 아주 싱싱하고 맛 좋은 전복과 굴을 발견하고 자그마치 역마까지 써서 서울로 실어 나르게 한다. 아무리 말이 빠르다고 해도 상하기 쉬운 굴이니 이때도 얼음을 사용했을 것으로 짐작된다. 아무리 임금에게 바치기 위한 것이라고 해도 이런 월권에는 신하들이 당연히 잔소리를 한다. 하지만 당시의 임금은 연산군. 신선한 전복과 굴이 아주 맛있었는지 유자광은 큰 처벌을 받지는 않았다.

좀 더 기상천외하게 얼음을 쓰기도 했다. 1495년(연산 1) 때 연산군은 약으로 쓸 곰을 구했는데 작은 곰은 몸 전체를 얼음으로 채워서 바치도록 했다. 과연 곰을 어떤 약으로 쓰려 했던 것인지는 알 수 없지만 신선도가 중요했던 모양이다. 이외에도 얼음 쟁반 위에다가 잔치 음식을 놓거나 청포도를 올려 먹는 호사를 부리기도 했다.

그 외에 염색을 할 때도 얼음을 많이 썼다. 명종~선조 대의 인물인 미암 유희춘이 남긴 『미암일기』를 보면 그의 아내 덕봉이 옷감을 염색하기 위해 빙패를 써 빙고에서 얼음을 받아 왔다는 기록이 있다. 쪽을 사용해 옷감을 푸르게 물들이는 전통 염색법으로는 조금이라도 온도가 올라가면 쉬어서 붉은색이 되어버리기 때문이었다. 그래서 일부러 시원한 날을 골라 얼음을 써서 온도를 낮춰야 했다. 옷감이 물 위로 떠오르면 염색이 고르게 되지 않았기 때문에 아예 얼음으로 옷감을 눌러 염색물에 잠기게 하고 투명한 얼음 너머로 염색이 된 정도를 확인하기도 했다.

가장 얼음을 많이 소모하는 행사는 장례식이었다. 조선시대 임금이나 왕비의 장례식은 자그마치 5개월이 걸렸고, 고위 관리쯤 되면 몇 달은 지내야 했다. 그 긴 시간 동안 시신은 땅에 묻히지 못했다. 추운 겨울이라면 모를까, 더운 여름이라면 시신은 당연히 그 시간을 견디지 못하고 부패한다. 그래서 임금이 승하하면 빙고 안의 얼음을 톡톡 털어 관 아래와 주변으로 얼음벽을 만들어 시원하게 만들었다. 이 과정이 조금이라도 잘못되면 그야말로 지옥도가 펼쳐졌는데 효종이 죽었을 때 바로 그런 사태가 발생해 장례를 주관했던 송시열이 사약을 받는 빌미가 되었다. 냉장냉동 기술이 발달한 현대 문명이 얼마나 편리한지 새삼 실감하게 된다.

조선왕조실록

조선 여인의 명품

하나요
갖고싶다

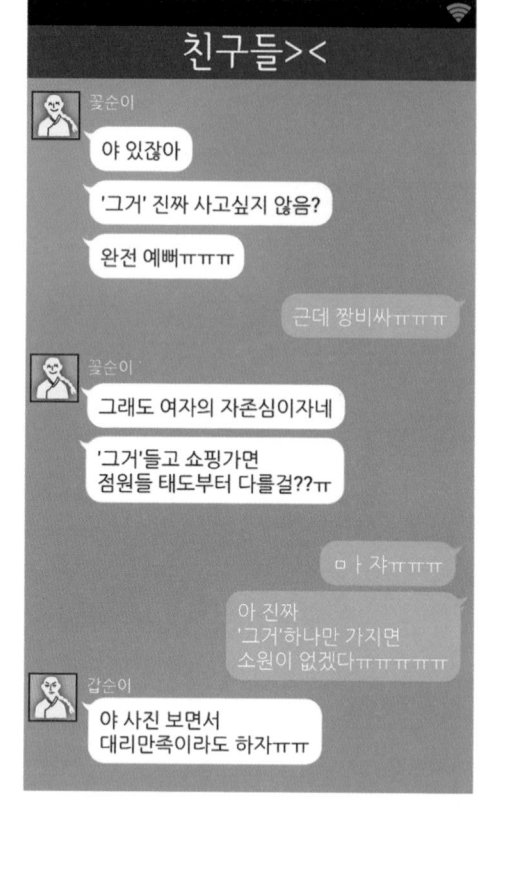

친구들><

꽃순이
야 있잖아

'그거' 진짜 사고싶지 않음?

완전 예뻐ㅠㅠㅠ

근데 짱비싸ㅠㅠㅠ

꽃순이
그래도 여자의 자존심이잖네

'그거'들고 쇼핑가면
점원들 태도부터 다를걸??ㅠ

ㅁㅏ 쟈ㅠㅠㅠ

아 진짜
'그거'하나만 가지면
소원이 없겠다ㅠㅠㅠㅠㅠ

갑순이
야 사진 보면서
대리만족이라도 하자ㅠㅠ

명품 가방 얘기 중이냐구요?

아뇨. ㅋ

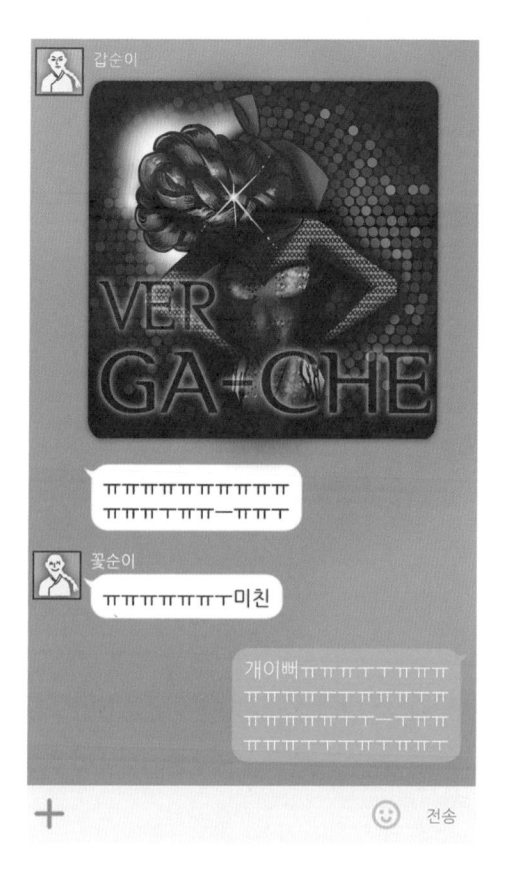

갑순이

ㅠㅠㅠㅠㅠㅠㅠㅠㅠ
ㅠㅠㅠㅠㅠ—ㅠㅠㅜ

꽃순이

ㅠㅠㅠㅠㅠㅠㅜ미친

개이뻐ㅠㅠㅠㅜㅠㅠㅠ
ㅠㅠㅠㅠㅠㅠㅜㅠㅠ
ㅠㅠㅠㅠㅜㅜ—ㅠㅠ
ㅠㅠㅠㅠㅠㅠㅠㅠ

＋   ☺ 전송

가체
[加髢]

머리 위에 얹는 장식용 가발.
진짜 사람 머리카락으로 만들어
매우 비쌈.

무거울수록

가체는 무거울수록 비싸요.

갑순이
파스 인증이랰ㅋㅋㅋㅋ
ㅋㅋㅋㅌㅌㅋㅋㅋㅌㅋ

가체 무거워서 목아픈거 자랑

미친ㅋㅋㅋㅋㅋㅋ큐ㅠ
ㅠㅠㅠㅠㅜ_ㅜㅠㅠ ㅠㅠ

꽃순이
완전 그양세ㅠㅠ

그양세?

꽃순이
요즘 대세인 드라마 있잖아

<그 양반님네들이 사는 세상>

참판댁 종손의 화려한 사생활—

그양세

TV주말드라마

와 가체 짱커ㅠㅠㅠ

꽃순이
울엄마 광팬인데ㅋㅋㅋ
등장인물이 죄다 부잣집
자식들이야

근데 진짜 대박이 뭔지 알아?

설정이 어찌나 고급졌는지

마지막에 여주인공
가체때문에 목부러져
새드엔딩ㅋㅋㅋㅋㅋ

<시청자가 꼽은 베스트 씬>

1화. 노비 여주인공과 참판댁 종손의 첫 만남

- 이걸로 널 사겠어. 종년에겐 꿈만 같지?
- 네, 저 큰 가체 좋아해요.
- 이런~대단한 속물이군ㅋ

- 도련님의 구역질나는 얼굴이,
보이질 않으니까!

시청률 40%

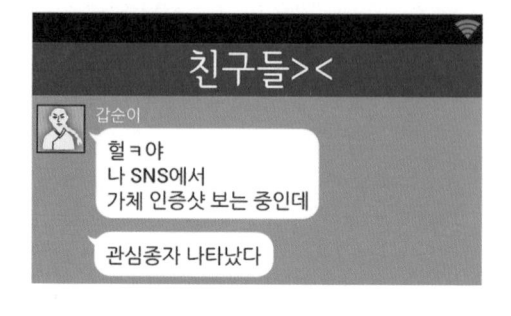

셋이요

허세?

친구들><

갑순이

헐ㅋ야
나 SNS에서
가체 인증샷 보는 중인데

관심종자 나타났다

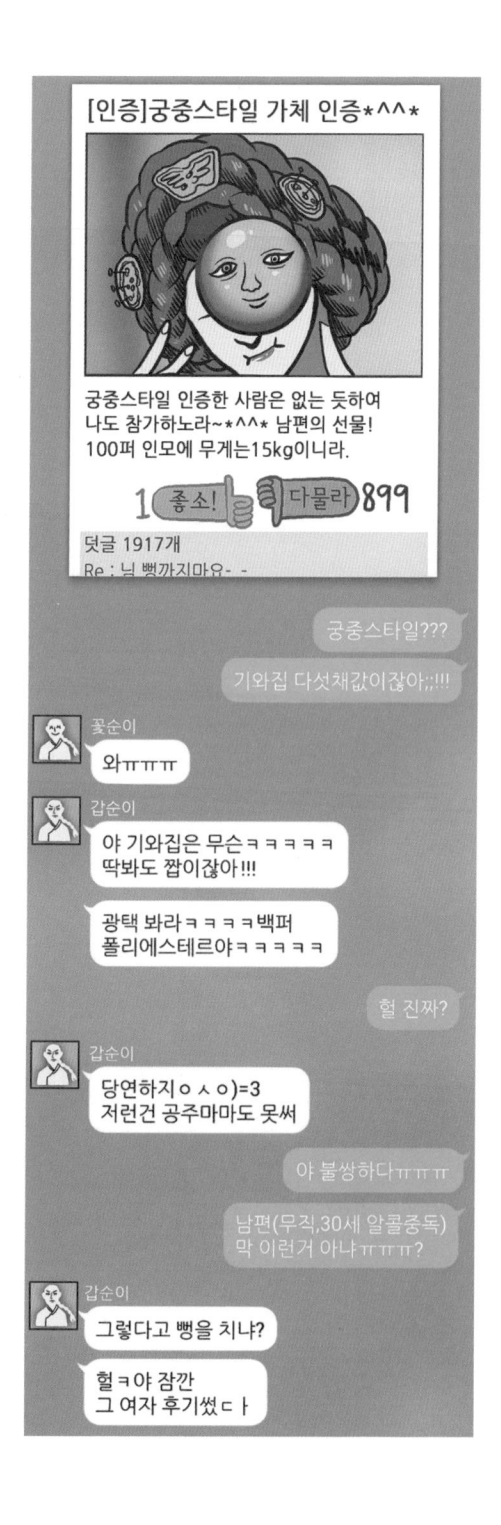

남편(무직, 알콜중독)

1756년, 영조 32년.

영조, 여인들이 크고 비싼 가체를 좋아하자
가체를 금지하는 법을 만들다.
대신 작은 족두리를 쓰게 하다.

……그러나 아무도 말을 듣지 않아
결국 7년 만에 취소하다.

#욕망은_언스토퍼블

한

그
리
하
였
다
고

다.

끝.

실록에 기록된 것

- "사대부가의 사치가 날로 성하여, 부인이 한 번 가체를 하는 데 몇백 금을 썼다. 갈수록 서로 자랑하여 높고 큰 것을 숭상했다."
- "궁에서 높은 가체를 좋아하니, 궁 밖의 백성들이 궁중 스타일이라며 그것을 따라합니다." - 『승정원일기』
- 검소한 영조, 가체 대신 쪽을 찌고 족두리를 쓰게 하다.
- 그러나 아무도 말을 듣지 않아, 다시 가체를 허용하다.

픽션

기록에 없는 것

- 영조의 부인은 SNS에 가체를 인증하지 않았다.

번외 : 남성들의 명품은?

〈갓끈〉

波宅皮立

老樂水

금, 옥, 수정으로
블링블링

太口好異夜

- 열세 번째 이야기 -

대머리의 숙명

조선 여성들의 명품이자 필수품이던 가체는 다른 사람의 머리카락으로 만든 인모 가발로, 머리를 길고 풍성해 보이게 하기 위한 것이었다. 조선시대에는 몸의 모든 부분을 부모님이 주신 것이라 해 함부로 자르거나 상하게 하지 않았으며 머리카 락도 마찬가지였다. 그러니 누군가 머리카락을 잘라야 만들 수 있는 가체의 공급 은 적었고 원하는 사람은 많아 가격이 대단히 높았다. 주로 가난한 사람들이 자신 의 머리카락을 잘라 내다 팔고는 했다.

가체는 가발이긴 했지만 어디까지나 장식용으로 머리 전체에 씌우는 것이 아니 라 둥그렇게 말아 머리 위에 올리는 형식이었으며 여성들의 전유물이었다. 그러 니 남자나 가체로도 가릴 수 없을 정도로 머리숱이 적은 사람에게는 아무 도움이 되지 않았다.

조선시대에도 꽤 많은 남성들이 탈모로 괴로워했다. 재담으로 이름났던 오성 이항복은 "우와 내 머리가 늙은 중머리 같아.ㅠㅠ"라며 한탄했다. 전쟁을 거치는 등 스트레스가 많았던 탓일까. 정약용도 말년에 "가진 것 하나 없이 대머리만 남 았네"라는 글을 적었다.

대머리 분야(?)에도 독보적인 인물이 있었다. 바로 선조 대의 문장가 최립. 그는 이항복만큼이나 말재주꾼이었는데 덜컥 탈모의 굴레에 빠지고 만다. 그는 자신의 머리가 하얗게 빛난다며 절규했다. 그의 문집에 실려 있는 글들을 보면 대머리의 진행에 따른 그의 심경 변화를 잘 알 수 있다.

젊은 시절, 그러니까 머리가 좀 남아 있던 때 탈모가 심하던 친구가 최립에게 빗을 선물했다. 이제 자신에게는 쓸모없는 물건이니 너라도 쓰라는 뜻에서 준 선

조 선 왕 조 실 록

물이었다. 그러자 최립은 딴에는 머리카락부심을 부리며 "난 그래도 머리가 있다"며 자랑하는 시를 썼다. 대머리 앞에서 머리카락 자랑을 한 대가였을까? 운명은 가혹했다. 몇 년이 흐른 뒤 최립은 자신의 빠져가는 머리를 부여잡으며 통곡을 하게 된다.

"스님들처럼 빗을 쓸 일도 없고 거울 보기도 부끄럽다. 반짝반짝 대머리가 되어버렸으니 젊었을 때의 나는 어디로 갔나?"라고 쓴 그의 글을 보면 수백 년의 시간을 넘어 하나가 되는 탈모인들의 울분과 슬픔의 거대한 우주가 느껴진다.

허준의 『동의보감』에는 대머리와 탈모를 예방하는 처방들이 여럿 실려 있다. 대표적인 약초가 하수오. 이것으로 환을 만들어 먹으면 탈모에 효과가 있다고 기록되어 있어 오늘날에도 많은 사람들이 하수오를 끓여 차로 마시거나 하수오로 만든 건강식품을 구입해 먹고는 한다. 또 다른 의학책인 『의방유취』에는 머리를 검게 하고 탈모를 막는 비법이 실려 있다. 하루 두 번 침향, 부자, 복분자, 우황, 정향 등을 섞어 기름에 담근 약을 정수리가 뜨끈해지도록 문지르면 머리카락이 새로 난다는 내용이다. 수많은 선비들이 이 비법을 시험하며 자신의 DNA를 상대로 한 승산 없는 싸움을 했을 것이다.

누구는 탐스러운 머리를 잘라 가져다 팔고 그것을 머리 위에 얹는 와중, 누군가는 빠지는 머리를 부여잡는다. 아이러니하기도 하고 우습기도 하다. 하지만 아직 젊고 머리숱이 많다고 자만하지 말자. 탈모의 형벌은 누구에게나 벌어질 수 있다. 그 형벌은 여름엔 덥고 겨울엔 추우며 액면가를 10년 이상 더 되어 보이게도 하는 몹시도 가혹한 것이다. 조선시대 조상들부터 후손인 우리들까지 공유할 수 있는 감정, 탈모로 인한 고통! 현대 의학이 발전하면 우리 후손들은 이 고민을 하지 않아도 될 날이 과연 올까? 조선왕조실록

강녕하세요?
저는 궁에서 임금님의 음식을 만드는
수라간 궁녀1입니다.

수라간궁녀1 　　맛있는 일상^^

오늘, 황당한 일을 겪었는데요.ㅠ

왜죠ㅠㅠ?

'채소'와 '야채'
다른 건가요?

[이쪽에서 기다린 김만 야채]

재호,

사람이 행동으로 기운 것

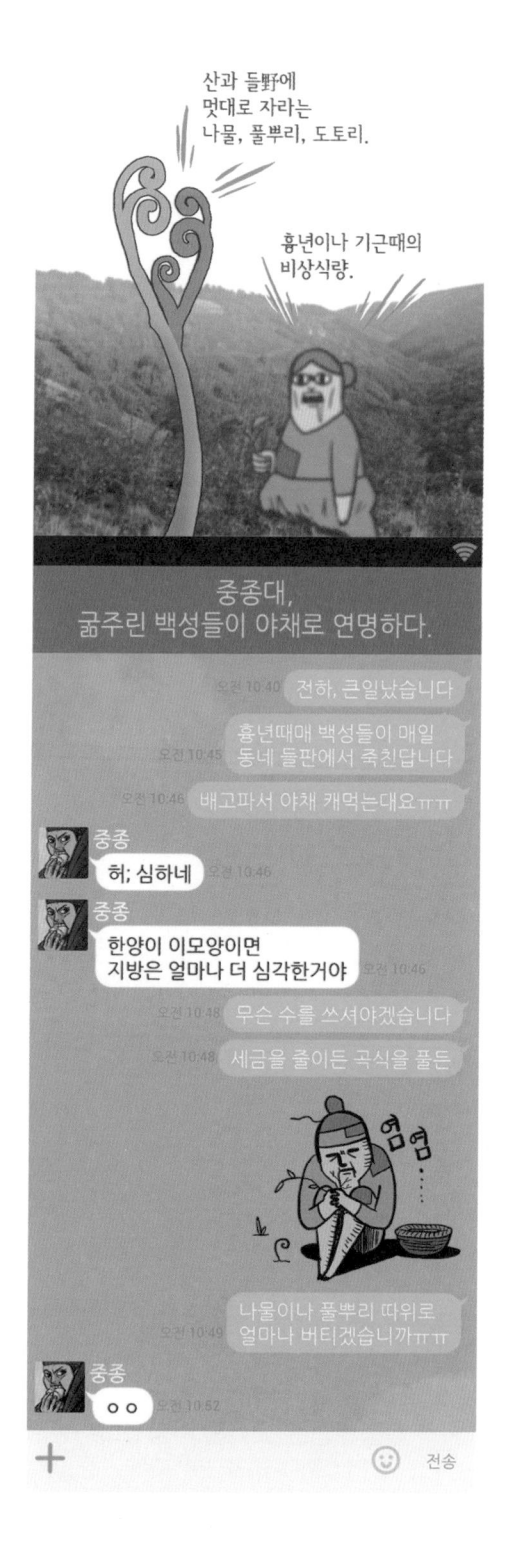

노터치 자연산은
'야채'

[채소 주스 : 토마토맛, 샐러리맛]
[야채 주스 : 뒷산 풀뿌리맛, 방금 주운 도토리맛]

주상전하

전하^^
수라간 궁녀이옵니다.

맛있는 "채소" 젓수시어요^^

세종
어허! 감히 채소를 올리다니!

예??;;; "야채" 아닌데요??
"채소" 맞는데요??

세종
고기를 가져오라!

세종
풀 따위로는 창의성이
솟아나지 않느니라.

\+   ☺ 전송

세종대왕은 고기를 사랑했다.
(『조선왕조실톡』 1권 15화 참조)

[야채는 일제강점기 잔재?]

'야채'가 일본어라는 설이 있는데, 일본도 옛부터 소채(蔬菜)와 야채(野菜)를 구분해 썼습니다. 그러나 근대화를 거치며 야채를 밭에서 기르게 된데다, 일본 정부가 소채의 소(蔬)자를 획순이 많아 불편하다는 이유로 '자주 쓰는 한자 목록 (상용한자)'에서 뺀 이후 식용식물을 통쳐서 '야채'라고 부르게 됐다네요.

(출처 : 일본wiki).

끝.

실록에 기록된 것 정사 正史

- 채소는 야채를 포함하는 넓은 개념.
- 성종, 덜 자란 채소 진상하지 말라고 하다.
- 세종, 나쁜 채소를 대비전에 바친 관리 벌하다.
- 야채는 이름 그대로 들에서 난 식물.
- 중종 대, 백성들이 기근으로 야채를 먹으며 살아남다.

기록에 없는 것 픽션

- 야채 주스를 식단에 올렸다고 화낸 왕의 기록은 없다.
- 풀뿌리맛 주스도 의외로 맛있을지 모른다.

- 열네 번째 이야기 -

나물 캐는 유학자

세상 제일가는 음식을 꼽는다면 역시 소화 잘되는 고기일 것 같지만(feat.세종) 갖은 채소 역시 빼놓을 수 없다. 생각해보라! 쌈채소 없는 삼겹살을! 치킨무 없는 치킨을! 우리가 채소를 먹는 것은 그저 다이어트나 영양소 때문이 아니다. 채소 자체가 맛있기 때문에 끊임없이 먹어왔던 것이다!

아무튼 수많은 채소들이 조상들의 밥상을 장식해왔다. 고기에 곁들여지기도 했지만 데치고 무치고 볶아서 혼자서도 어엿한 반찬이 되었으니 이것이 바로 나물이다. 『훈몽자회』라는 책에서는 나물을 뜻하는 한자 "채菜는 먹을 수 있는 풀을 모두 말한다"고 했으니, 이는 밭에서 키우는 오이, 가지, 토란, 상추, 호박, 고추잎, 마늘 등은 물론 도라지나 고사리, 두릅, 고비, 버섯, 씀바귀, 고들빼기, 냉이, 달래, 미나리 등등 수많은 것들을 모두 일컬었다.

나물이라고 하면 고사리만 캐어 먹다 죽은 백이숙제 형제 이야기나 흉년이나 전쟁 등 어려운 시기에 나물만 끓여 먹고 살았다는 이야기 때문에 가난의 상징처럼 여겨지지만 아주 그렇지만은 않았다. 나물은 분명히 '맛있는' 음식이었고 따라서 임금의 밥상에도 늘 올라갔다.

『원행을묘정리의궤』에 실린 정조의 밥상 메뉴에는 박나물, 미나리, 동아, 숙주나물, 겨자순, 파, 오이, 죽순, 고들빼기, 그리고 도라지 생채 · 숙채 · 잡채의 쓰리 콤보가 올라가 있다. 또 잡채도 있었는데, 여기서 말하는 잡채란 요즘 방식대로 당면이 잔뜩 들어간 음식이 아니라, 갖은 야채와 고기를 볶아 만든 궁중식 잡채였다. 이렇듯 야채의 요리 방법은 무궁무진했고 왕궁에서부터 백성들의 밥상까지 풍성하게 해주는 일등 공신이었다.

그래서 민가는 물론이거니와 왕궁에서도 전용 채마밭이 있어 임금이 먹을 채소를 키워 조달했다. 어여쁜 궁녀들이 정성껏 밭을 가꾸다가 가장 신선한 것을 따 맛있는 요리를 만드는 상상이 피어오르기도 하지만 사실 조선시대 궁중 요리를 만드는 것은 남자의 일이었다. 요리를 만드는 숙수熟手도 남자, 왕실 가족이 먹는 채소를 키우는 창노倉奴도 남자였다. 그래서 조선 초기 명나라에서 "요리하는 여자들을 보내라"는 명령을 내렸을 때 조선 사람들은 "요리는 여자가 하는 게 아닌데?"라며 당황했을 정도였다.

그러다 보니 나물을 캐는 것 역시 여자만의 일은 아니었다. 다른 누구도 아닌 율곡 이이가 쓴 『전원사시사』의 '봄'편에도 즐겁게 나물 캐는 모습이 나와 있다.

어젯밤 좋은 비로 산채가 살쪘으니 / 광주리 옆에 끼고 산중에 들어간다
주먹 같은 고사리요 향기로운 곰취로다 / 빛 좋은 고비나물 맛 좋은 어아리라
도라지 굵은 것과 삽주 순 연한 것을 / 낱낱이 캐어내어 국 끓이고 나물 무쳐
취 한 쌈 입에 넣고 국 한번 마시나니 / 입안의 맑은 향기 삼키기 아깝도다

율곡 이이는 아무래도 젊은 시절 가출도 하고, 금강산에서 지내기도 했던 덕에 나물 종류를 무척 잘 알았던 것 같다. 고사리나 도라지라면 모를까 곰취는 다른 풀과 헷갈리기 쉬운데도 무리 없이 구분해냈던 것 같으니.

이 시를 읽노라면 5천 원짜리 지폐 안에 계신 근엄한 유학자가 복건의 검은 띠를 팔랑거리며 한 팔에는 나물이 가득 든 바구니를 들고 산속을 룰루랄라 뛰어다니는 광경이 떠오른다. 언제나 빈틈없이 딱딱했던 사람, 나랏일을 걱정하느라 여유가 없던 사람을 이렇게 즐겁게 만들 수 있었다는 점에서 채소는 역시 좋은 음식임이 틀림없다. 조선왕조실록

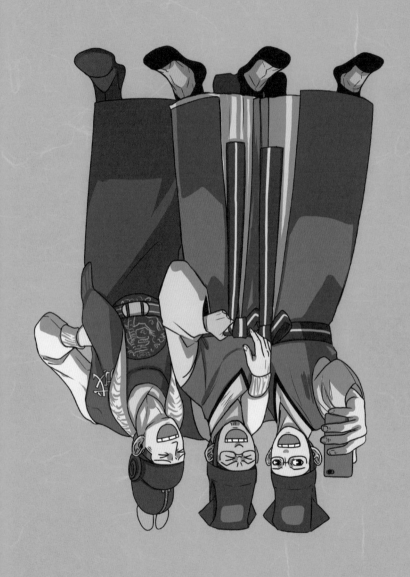

수많은 조선의 장인들이 매달렸던 그 사업
과거시대 정점을 7000대 1!
조선시대 수험 생활, 지금보다 더 치열했다고?

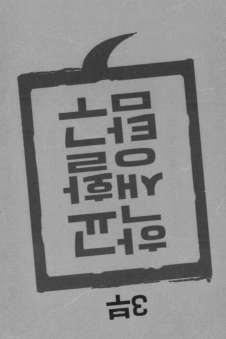

3부

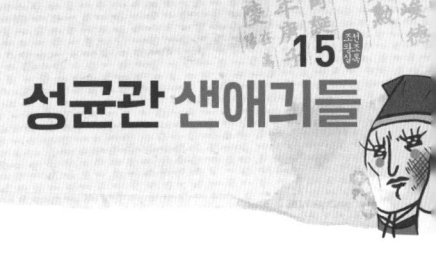

하나요 조선 최고의 명문대

조선시대의
젊은 청년들에게 물었습니다.

Q. 조선 최고의 대학은?

조선의 대학교, 성균관의
새내기들은

어떻게 입학을 준비하고 있을까요?

둘이요 푸릇푸릇한 새내기들

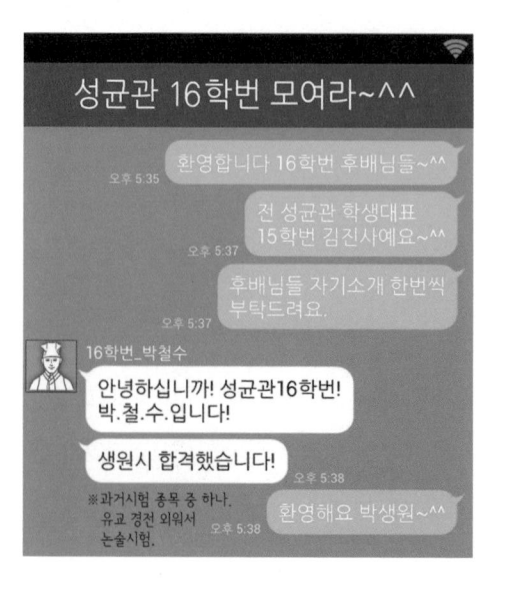

성균관 16학번 모여라~^^

환영합니다 16학번 후배님들~^^
오후 5:35

전 성균관 학생대표
15학번 김진사예요~^^
오후 5:37

후배님들 자기소개 한번씩
부탁드려요.
오후 5:37

16학번_박철수

안녕하십니까! 성균관16학번!
박.철.수.입니다!

생원시 합격했습니다!
오후 5:38

※과거시험 종목 중 하나.
유교 경전 외워서
논술시험.

환영해요 박생원~^^
오후 5:38

풋풋한 성균관 신입생들의
평균 나이는

35세.

상곤곤 16형님 연애사~ㅅㅅ

단둘 고통에서 영자쌤시 둥았겠네?
오후 5:44

근데 가기가 자동화어 있다니까. 정정 공지공자가 100점 올아나까~ㅅㅅ
오후 5:45

정지원공 다음 들은 3초이 없어.
오후 5:45

우앙
16형님_박형수

부정문학레이 단어를 가나다로 풀어 둠했지.
오후 5:45

우앙아
16형님_최형수

우리는 시영상지표두 인강단원테 지금 듣아가~ㅅㅅ
오후 5:46

둘째?~ㅅㅅ
오후 5:47

우앙아아아!!!
16형님_박형수

우앙아아아ㅠㅠ
16형님_최형수

......
16형님_이옹

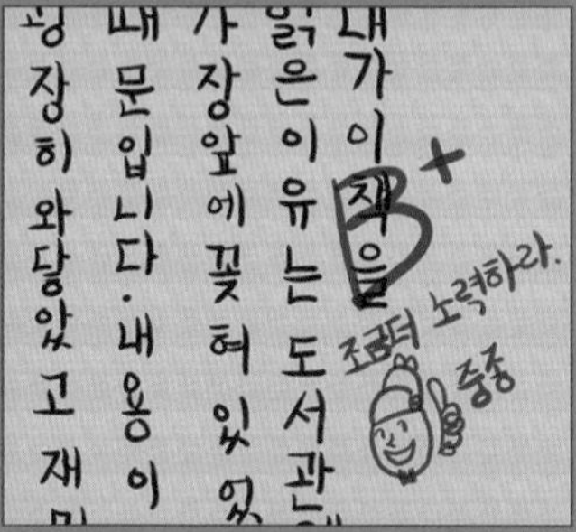

성균관 16학번 모여라~^^

근데 우리 성균관이
역사와 전통이 있잖아요~^^
오후 5:57

그래서 선후배간에 지.킬.게
좀 많아요~^^
오후 5:58

※신고식.신입생들이
선배들에게 술을 대접했음.

내일 접방례인거 알죠?
오후 5:58

16학번들 절.대.빠지지마~^^

16학번_이호
저 죄송한데 불참이요ㅠ
오후 5:59

16학번_이호
집안사정때문에……
오후 6:00

와ㅋㅋㅋㅋㅋ
새내기가 엠티를 빠져요?~^^

첫날이라 착하게 굴었더니
선배를 호구로 보네~^^
오후 6:00

야 16학번.
오후 6:00

삼강오륜 댄다 실시
오후 6:01

16학번_이호
군신유의 부자유친 장유유서
부부유별 붕우유신요.
오후 6:01

성균관은 하나 더 있어서
육륜이야~^^선까무까.
오후 6:02

"선배가 까라면 무조건 깐다."
오후 6:02

16학번_이호
최송해요ㅠ
근데 아버지가 엄하셔서......
오후 6:03

이거 웃긴 놈이네~^^
너만 귀한 집 자식이야?
오후 6:03

야 우리 아버지도 정2품이야~^^
오후 6:04

뭐, 니네 아빠 왕이라도 되냐? ㅋ
오후 6:04

16학번_이호
네.
오후 6:04

어?

............저기......죄송한데
오후 6:05

혹시 집주소가......
오후 6:05

16학번_이호
한양시 경복궁 자선당
101호요.
오후 6:05

즈어어어어하아아아아ㅏ
오후 6:05

16학번_박철수
세에자즈어어어어하아아아아
오후 6:06

죽여어어쥬시옵소서어어ㅓ어어어ㅓ
ㅓ엉어ㅓㅓ어어어어
오후 6:06

16학번_최영수
즈어어어어하아아아아아!!!!!
오후 6:06

16학번_이호
ㅇㅅㅇ)=3
오후 6:11

+ 　　　　　　　　　　😊 전송

조선의 왕세자들은

일정한 나이가 되면 모두
성균관에 입학했다.

문종
1428학번

단종
1448학번

세조
1430학번

그리하였다고
한다.

끝.

- 성균관은 조선의 최고 교육기관. 법, 역사, 행정, 유교 경전 등을 가르쳐 장차 조선의 관리가 될 인재를 길러냈다.
- 과거시험은 소과, 대과로 이루어져 있는데, 성균관에 들어가려면 소과에 합격해야 했다. 전국에서 단 100명만이 합격했다.
- 소과에는 두 가지 과목이 있었다. 진사시는 글짓기 시험. 합격하면 진사. 생원시는 유교 경전 외워서 보는 논술 시험. 합격하면 생원.

- 조광조, 율곡 이이, 정약용 등 내로라하는 천재 영재들이 다 성균관 출신이다.
- 접방례는 성균관의 신입생 신고식. 새내기들이 선배들에게 술을 대접해야 했는데, 피해가 너무 심해 중종 대엔 "철폐하라" 상소마저 올라오다.
- 조선의 왕세자들은 보통 7, 8세가 되면 성균관에 입학하는 입학례를 치렀다.
- 자선당은 왕세자들이 사는 곳.

- 중종의 왕세자 이호(인종)는 16학번이 아닌 22학번이다. 1522학번……

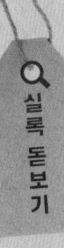

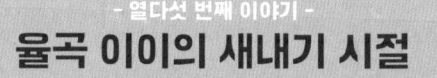

- 열다섯 번째 이야기 -
율곡 이이의 새내기 시절

명종 때 한 학생이 성균관에 입학했다. 그 학생은 열세 살에 장원 급제를 한 천재였는데 성장 과정이 그리 순탄치 못했다. 아버지는 다른 여자와 바람을 피우고 어머니는 갑자기 세상을 떠 슬픔을 이기지 못한 그는 가출을 했다. 어머니를 잃은 슬픔을 달래기 위해서였는지 불교에도 살짝 발을 담갔다.

그렇게 방황하던 그는 다시 마음을 다잡고 공부를 시작하였고 생각보다 먼 길을 돌아가긴 했지만 그래도 무난하게(?) 한성시와 별시에서 장원을 두 번 먹고 성균관에 합격하게 되었다.

여기까지만 보면 평범한 성공 스토리 같지만 성균관에서 그 학생은 호된 '왕따'를 당하게 된다. 당시 성균관의 학생회는 사회나 임금을 비판하는 사회 운동을 주도하는 것은 물론 문제가 있는 학생들을 처벌할 수 있는 막강한 권한까지 가지고 있었다. 이들의 결정에는 임금이나 성균관의 교장인 대사성도 함부로 개입할 수 없었다. 학생회장에 해당하는 이를 '장의'라 불렀는데, 장의는 빵빵한 집안의 아들이 맡는 것이 보통이었고, 당시 장의는 민복閔福이라는 사람이었다.

성균관에 새로 입학하면 꼭 치러야 할 의식이 있었다. 대성전에 가서 공자의 위패에 인사를 올린 다음 선배들을 만나 자기 소개를 하는 '상읍례'였다. 상읍례를 거쳐야만 식당에서 밥을 받아먹을 수 있었다. 밥을 못 먹으면 배가 고픈 것도 문제였지만 출석 체크를 할 수 없었다. 즉, 성균관의 일원으로 인정받지 못한다는 소리다.

그런데 민복은 학생회 사람들을 동원해 대성전 앞을 막아서고 새로 입학한 학생을 들어가지 못하게 막았고 온갖 욕설을 퍼부으며 모욕했다. 신입생이 "불교에 빠진 중놈"이라는 이유에서였다. 성균관에 들어온 지 3일이 되도록 상읍례를 하지 못하면 퇴학 조치가 내려졌기 때문에 주변 사람들은 몹시 걱정했지만 이 왕따는 전혀 개의치 않았다. 주변의 조치가 있었는지 왕따는 성균관을 다닐 수는 있게 되었지만 그 뒤로도 장의가 주도하는 괴롭힘이 사그라들었으리라 생각하긴 어렵다. 그러다가 학생의 아버지마저 갑자기 죽는 바람에 왕따였던 그 학생은 3년상을 치르기 위해 성균관을 나가게 된다.

그리고 3년상이 끝나는 해인 1564년(명종 19), 성균관 왕따의 가공할 만한 포텐셜이 폭발한다. 그해에 치러진 생원 초시, 생원 복시, 진사 초시, 대과 초시, 대과 복시, 대과 전시 총 6개의 시험에서 모조리 장원을 한 것이다. 당시 과거는 중복 응시가 가능했기 때문에 장원을 여러 번 할 수 있었다.

이쯤 되면 왕따 학생의 정체를 눈치 채는 사람도 있을 것이다. 바로 율곡 이이. 조선을 대표하는 유학자 탑 투에 들어가는 그 사람이다.

율곡을 따돌렸던 학생회장은 어떻게 되었을까? 민복은 원래 이이보다 먼저인 1549년(명종 4)에 성균관에 입학했다. 장의가 될 정도였으니 집도 부자였다. 하지만 율곡이 전설의 레전드가 되는 동안 민복은 1568년(선조 1)에 이르러서야 대과 병과에 22등으로 합격했다. 과거는 갑과 3명 을과 7명, 병과 23명, 총 33명을 뽑는다. 결국 맨 끝에서 두 번째로 붙었다는 얘기다. 그 이후로 변변한 벼슬자리에 오르지도 못했고, 한마디로 기록이 거의 없는 '듣보'로 살았다. 율곡을 왕따 시켰던 것이 그가 역사에 남긴 가장 큰 족적이었다.

민복이 "걔, 별 거 아니야! 예전엔 내 밥이었어!"라며 이이의 뒷담을 하고 다녔는지 아니면 나중에라도 철없던 시절의 행동을 부끄러워하며 살았는지 우리는 알 수 없다. 어쨌든 이후 조선 성리학의 대계를 세우고 서인의 종주가 된 이이는 세상을 떠난 뒤 민복이 그토록 자신을 들여보내려 하지 않았던 대성전에 위패가 모셔졌으니, 상대가 나보다 나이 어리고 후배라 해서 함부로 괴롭혔다가는 자칫 수백 년에 걸쳐 망신을 당한다는 훌륭한 예를 남겼다. 조선왕조실록

종이로 만든 갑옷

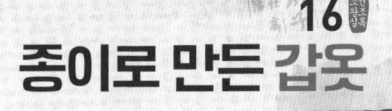

나 (상헌) N수생/올해는급제
/연애중♥풋풋

만수 잠수탑니다

하
나
요

겨울옷

"군대를 가느니 죽겠다."
<조선 백성들>

이처럼 어느 시대나 군역은
매우 고단한 일입니다.

하지만 산짐승도
얼어 죽는 이 추운 겨울,

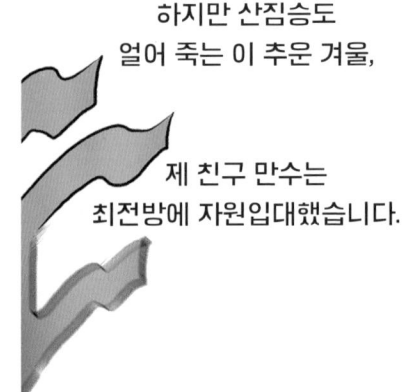

제 친구 만수는
최전방에 자원입대했습니다.

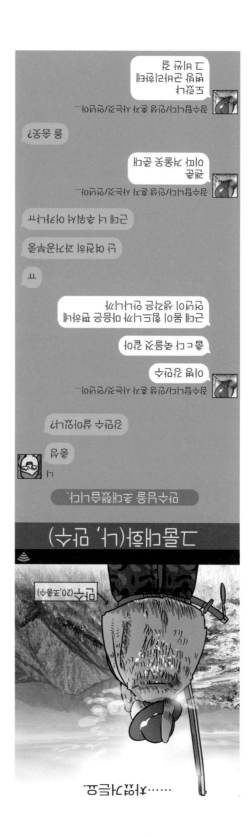

종이옷이지

※ 종이옷 : 가난한 백성들은 겨울옷에 비싼 목화솜 대신 종이를 넣었다. 보온성이 좋다고.

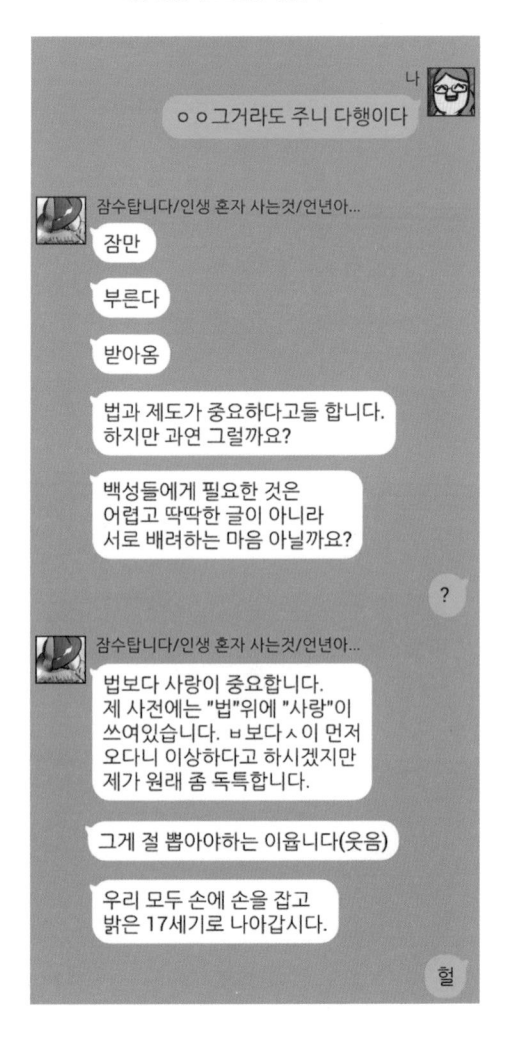

둘이요 시험지

저게 뭐냐고요?
사실 종잇값도 꽤 비싼 편이죠.

그래서 나라는 군사들에게
'이면지'를 나눠줬답니다.

바로,

'과거시험에서 떨어진
수험생들의 답안지'요!

#꺄아악 #수치 #잔인 #공개처형
#수험생_두번_죽이기

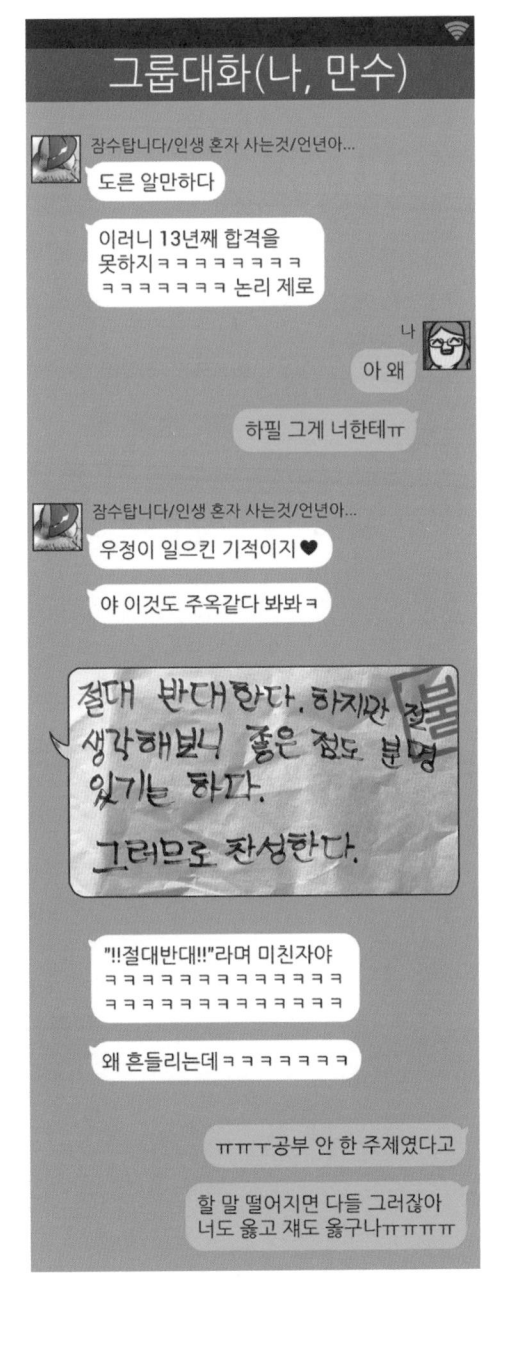

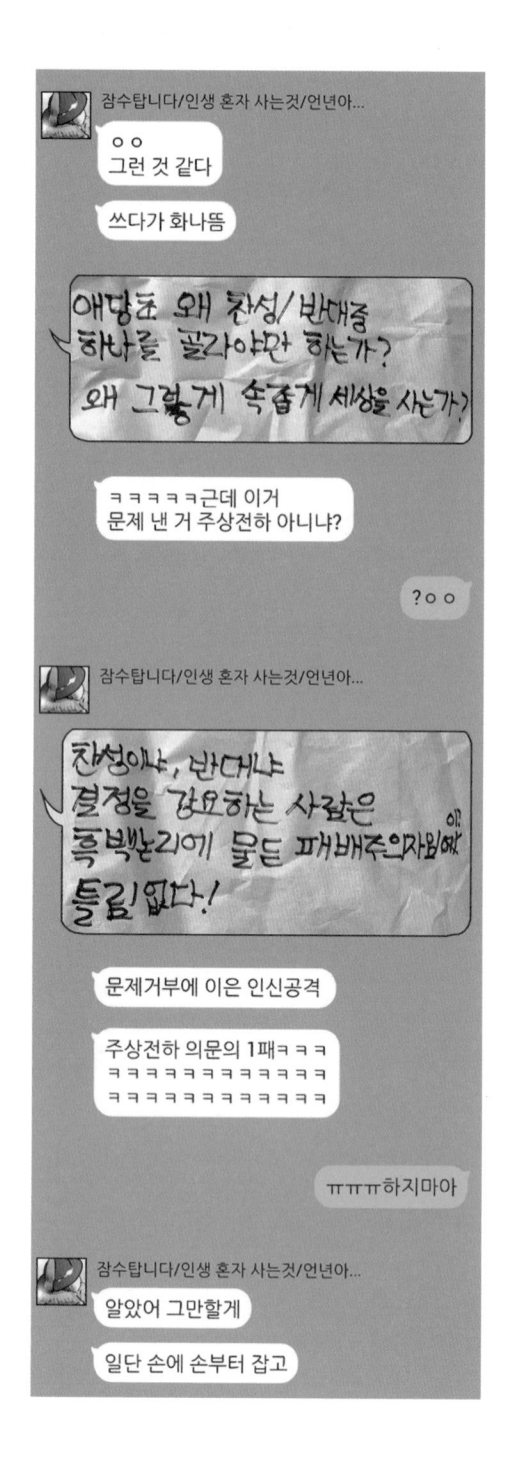

잠수탑니다/인생 혼자 사는것/언년아...

ㅇㅇ
그런 것 같다

쓰다가 화나뜸

애당초 왜 찬성/반대중
하나를 골라야만 하는가?
왜 그렇게 속좁게 세상을 사는가?

ㅋㅋㅋㅋㅋ근데 이거
문제 낸 거 주상전하 아니냐?

?ㅇㅇ

잠수탑니다/인생 혼자 사는것/언년아...

찬성이냐, 반대냐
결정을 강요하는 사람은
흑백논리에 물든 패배주의자임에
틀림없다!

문제거부에 이은 인신공격

주상전하 의문의 1패ㅋㅋㅋ
ㅋㅋㅋㅋㅋㅋㅋㅋㅋㅋㅋ
ㅋㅋㅋㅋㅋㅋㅋㅋㅋㅋ

ㅠㅠㅠ하지마아

잠수탑니다/인생 혼자 사는것/언년아...

알았어 그만할게

일단 손에 손부터 잡고

조선왕조실톡

셋이요 **종이 갑옷**

※종이 갑옷(紙甲) : 종이로 만든 갑옷.
종이를 여러 번 풀로 덧대어 만든 갑옷으로,
가볍고 튼튼해서 화살 정도는 막아냈다고.

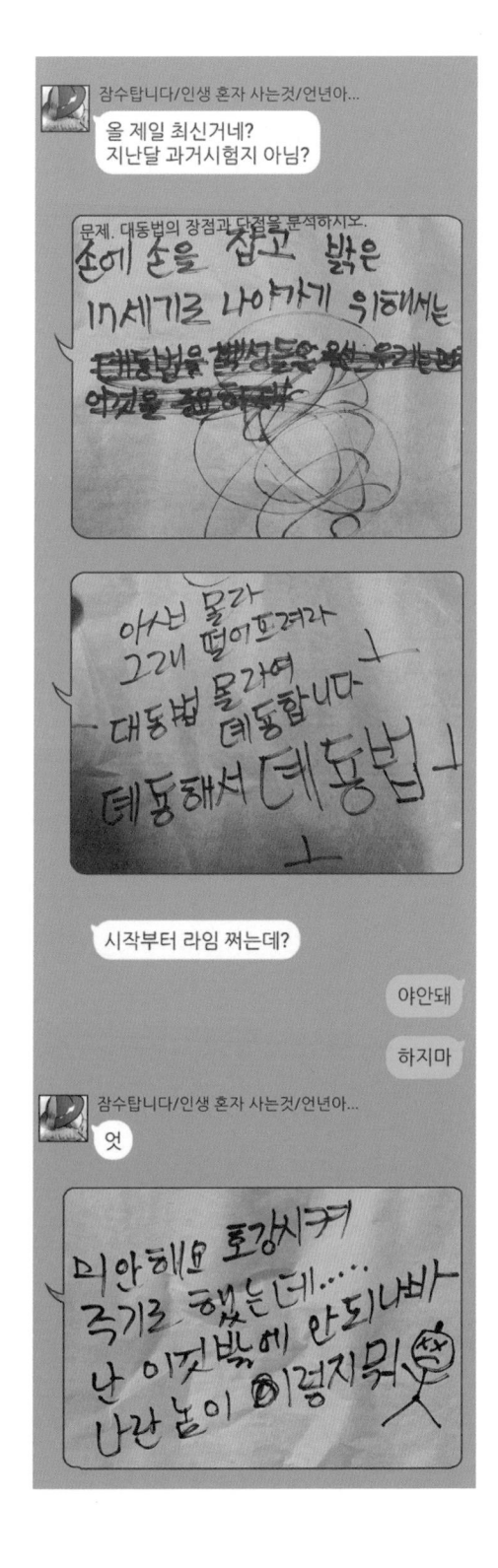

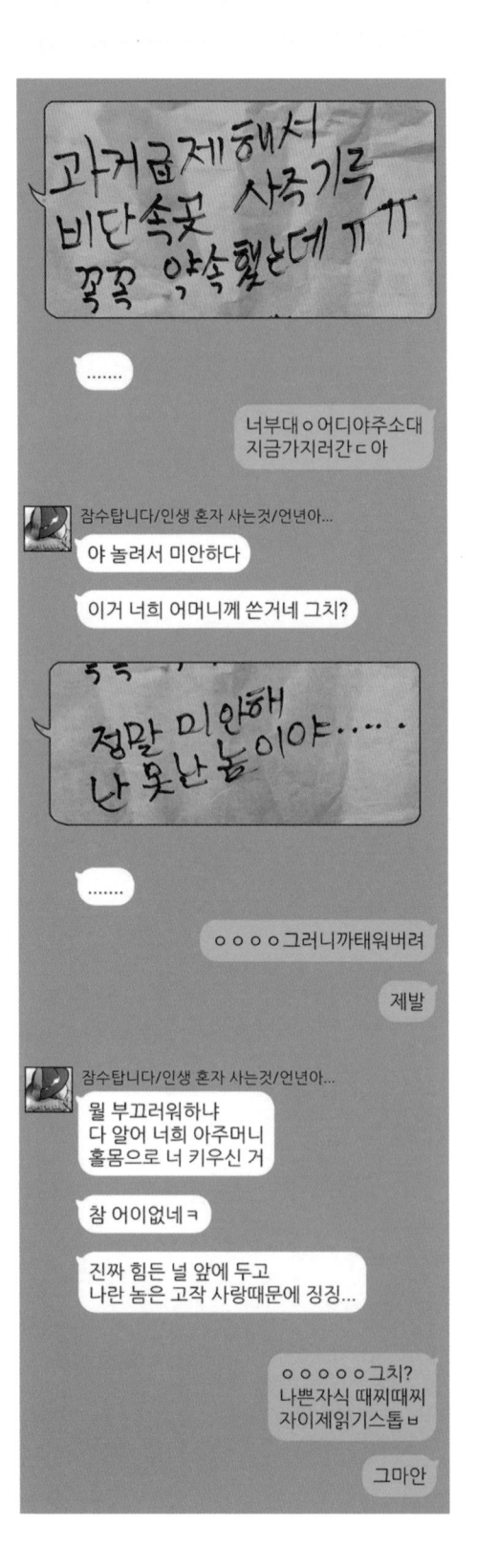

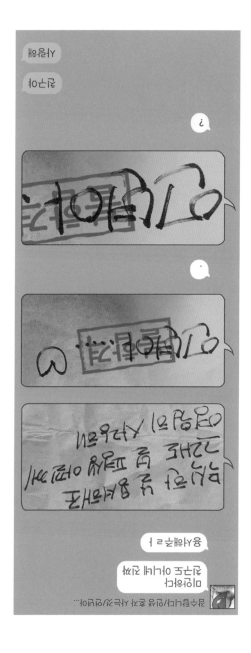

"아ㅋ만수ㅋ어릴때 개한테
거시기를물어뜯겼거든요"

농담이었지 근데
얼굴이 심각해지더라고

진짜별생각없었어진짜야

그러니까 친구야

제발그총ㅇ좀내려놔줄래?

정사 正史

실록에 기록된 것

- 종이 갑옷은 조선 초에도 쓰였다. 태종과 세종 등, 종이 갑옷을 잘 만들고 관리하도록 하다.
- 과거에 낙방한 답안지, 쓰고 버린 관공서 서류 등으로 종이 갑옷 만들다. – 『세종실록』 등
- 인조 대 병조, "철갑옷은 무겁고 차가워 겨울에 입기 힘들지만 종이 갑옷은 가볍고 따스하며 만들기도 편하다"며 1천여 벌 만들자 청 올리다. 인조, 허락하다.
- 인조, 매년 종이옷과 리필용 종이들을 추위에 떠는 변방 군사들에게 내리다.
- 솜, 종이 등을 넣어 지은 겨울옷을 '핫옷'이라고 부른다. 반대는 홑옷. #HOT_옷

픽션

기록에 없는 것

- 1600년대에 안경은 아직 대중화되지 않았다.

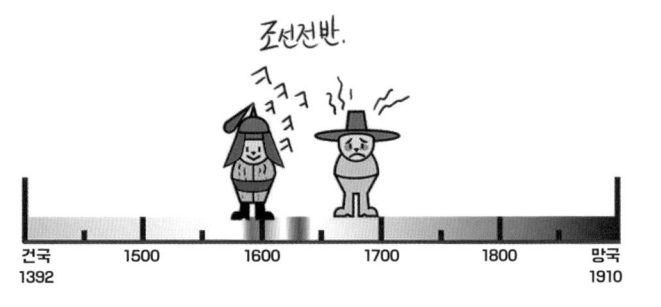

조선전반.

건국	1500	1600	1700	1800	망국
1392					1910

- 열여섯 번째 이야기 -
전 세계 문서 재활용법

일본 나라奈良의 사찰 동대사東大寺에는 정창원正創院이란 보물 창고가 있다. 보물이라고 하지만 사실 금은보화보다는 먼 옛날의 불경 등 책들이 보관되어 있는 곳이다. 이 중에는 신라의 문서도 있다. 이름하여 『신라 민정문서』로, 요즘으로 치자면 인구 경제 지표 조사랄까? 신라의 어떤 마을에 사람들이 몇 명 살았는지, 밭은 얼마나 있고 가축을 몇 마리 키웠는지, 나무가 몇 그루 있었는지 등을 자세히 적어두고 있다.

이 문서는 역사적 가치가 높다. 우리에게 삼국시대란 박혁거세가 알에서 태어나고 용왕의 아들 석탈해가 뗏목으로 바다를 건너는 등 신화 속의 세상처럼 느껴진다. 그러나 이 문서를 통해 신라가 상당히 제대로 정비된 사회였음을 알 수 있다. 동시에 옛날 사람들의 높은 재활용 정신을 확인할 수 있게 한다.

이 문서는 원래부터 책으로 남아 있던 것이 아니었다. 1933년, 정창원에 보관되어 있던 『화엄경』을 수리할 일이 생겼다. 옛 경전은 주로 비단 두루마리에다가 정성스레 쓴 것인데 그냥 두면 상하기 쉬우니 보호용 껍데기를 씌워 뒀다. 그런데 그 껍데기의 안쪽에 웬 글자가 있어서 살펴보니 바로 이게 신라의 민정문서였던 것이다.

신라시대의 문서가 어쩌다 여기 있게 됐을까? 신라의 민정문서는 인구나 경제 지표를 조사해 기록한 것인 만큼 그 수치가 계속 변하기 때문에 3년을 단위로 업데이트되었다. 즉 3년이 지나면 예전 문서는 휴지 조각이 되었던 것이다. 그것을 버리지 않고 화엄경을 포장하는 포장지로 활용했던 것. 그 덕분에 천 년의 시간이 흐른 뒤 정작 한국에는 완전히 사라져서 존재마저 잊혔던 민정문서가 발견되어 신라시대를 연구할 수 있는 귀중한 자료가 되었다.

서양에서는 이런 '재활용'이 훨씬 기상천외하게 벌어졌다. 먼저 이집트. 이집트 하면 역시 미라가 먼저 떠오른다. 그런데 미라에 씌울 가면을 만들 때 모두가 파라오처럼 황금을 쓸 수는 없었다. 일반 백성들은 그럴 만한 재력이 없었기에 갈대로 만든 종이, 파피루스를 활용했다. 그러다 보니 옛날의 복음서를 재활용해 만든 미라 가면이 발견되기도 했다.

하지만 재활용의 끝판왕은 역시나 양피지였다. 종이를 중국에서 들여오기 전, 유럽인들은 양, 소, 염소 등의 가죽을 손질해 양피지를 만들어 썼다. 이런 양피지는 짐승 한 마리를 잡으면 겨우 한 장이 나왔고, 그 동물이 어리면 어릴수록 가죽이 야들야들해서 품질이 좋았다. 그 대신 어린 동물들은 덩치가 크지 않으니 양피지의 크기가 작았다. 그래서 두툼한 책 한 권을 만들려면 수많은 어린 동물들이 이 세상을 하직해야 했다. 그나마 양피지를 앞뒤로 쓸 수 있었던 것이 다행이랄까.

생명 중시 사상은 둘째 치고라도, 뭔가를 쓰려고 할 때마다 동물을 잡는 것은 그렇잖아도 물자가 풍부하지 않은 옛날에는 말 그대로 '돈지랄'이었다. 이래저래 함부로 쓰고 버릴 수 없었던 양피지였으니 이것을 재활용하는 경우도 정말 많았다. 양피지는 명색이 가죽 제품이었으므로 양피지를 깨끗하게 세탁해 기존의 내용을 박박 지운 다음 다시 새로운 내용을 쓰는 재활용이 가장 빈번했다. 양피지의 표면을 칼로 깎아내 쓰여 있던 내용을 지우기도 했다.

현대의 학자들은 지워진 양피지의 내용을 조사하고 연구하기 시작했다. X-레이를 활용하면 지워진 글자들을 확인할 수 있고, 그러다 보면 중요한 사실들이 발견되기도 한다.

양피지의 재활용법은 다시 필기용으로 쓰는 것만이 아니었다. 옛사람들은 낡은 양피지를 잘게 잘라 다른 양피지를 묶는 끈으로도 사용했다. 그래서 그 끈을 일일이 풀어다가 그 안에 쓰인 글자를 읽고 연구하는 역사 연구도 있다. 근성 없이는 도저히 하기 힘든 일이다.

물자가 부족했던 덕에 재활용했던 물건이지만 지금은 그 버려진 내용이 훨씬 귀중하기에 사람들은 그걸 한사코 찾아내서 연구를 하고 있으니 재미있는 일이다. 쓰레기통의 역사라고나 할까. 마찬가지로 지금 이 순간 구겨 버린 A4 용지가 수백 년, 수천 년 뒤에는 이 시대 사람들의 생활상을 알려주는 귀중한 자료로 연구될지도 모르겠다.

조선
왕조
실록

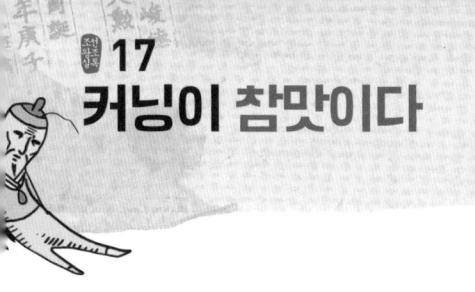

17 커닝이 참맛이다

하나요
조상님 꿈

내 이름은 김민지.
고등학교 2학년.

독서실에서 밤새 공부하다
깜빡 잠든 사이

**나는,
꿈을 꾸었다.**

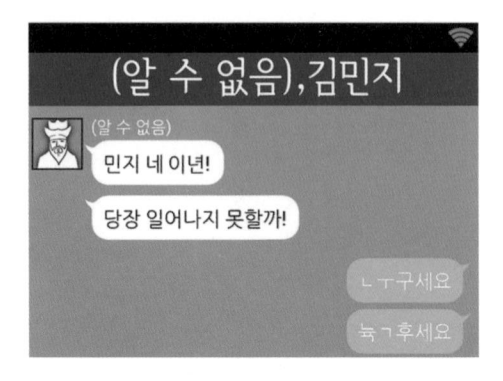

(알 수 없음), 김민지

(알 수 없음)
민지 네 이년!

당장 일어나지 못할까!

ㄴㅜ구세요

눅ㄱ후세요

조선왕조실톡

(알 수 없음)

오타 쩌는구나

난 너의 27대조 조상이니라.

네?

조상님

병든 닭마냥 꾸벅꾸벅...ㅉㅉ

실망이로다

아 죄송해요

제가 내일 시험이라
잠을 못 자서ㅠㅠㅠ

커피 뽑아먹고 정신차릴게요

조상님

헛소리 말거라!

무적대군파 27대손이
그리 아둔해서 쓰겠느냐!

네?

조상님

인생은 실전이니라

공부는 한가할때나 하는 법

네??

조상님

이 할애비가
500년 유서깊은
고득점 비결을 알려줄터이니

당장 받아적거라!

+   ☺ 전송

둘이요 커닝

<세종 시절>
책을 베껴라!

<중종 시절>
돌을 던져라!

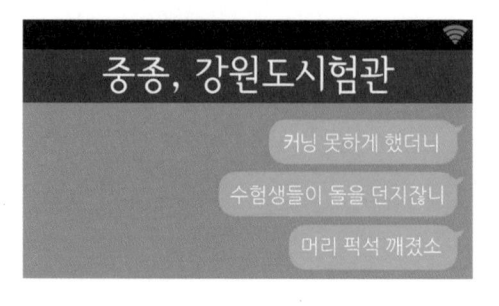

＜선조 시절＞

과감하라!

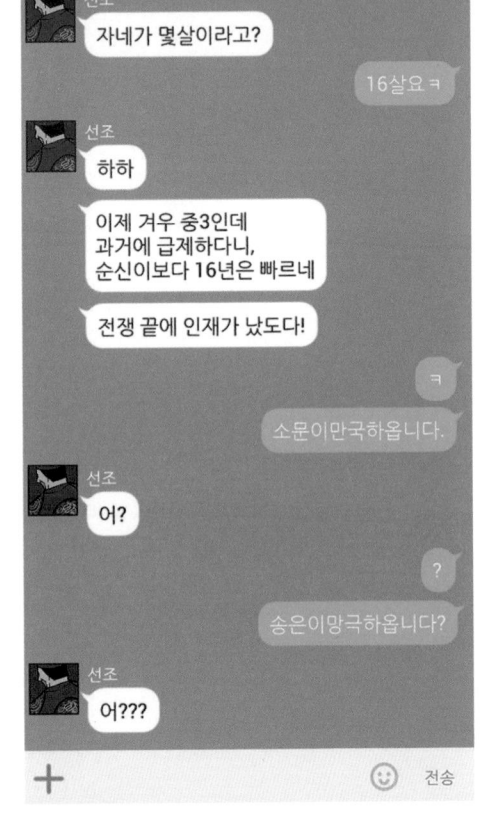

선조 28년, 16세 소년이
커닝으로 과거에 합격했다가

들키다.

<숙종 시절>
최후의 수단!
토목 공사를 하라!

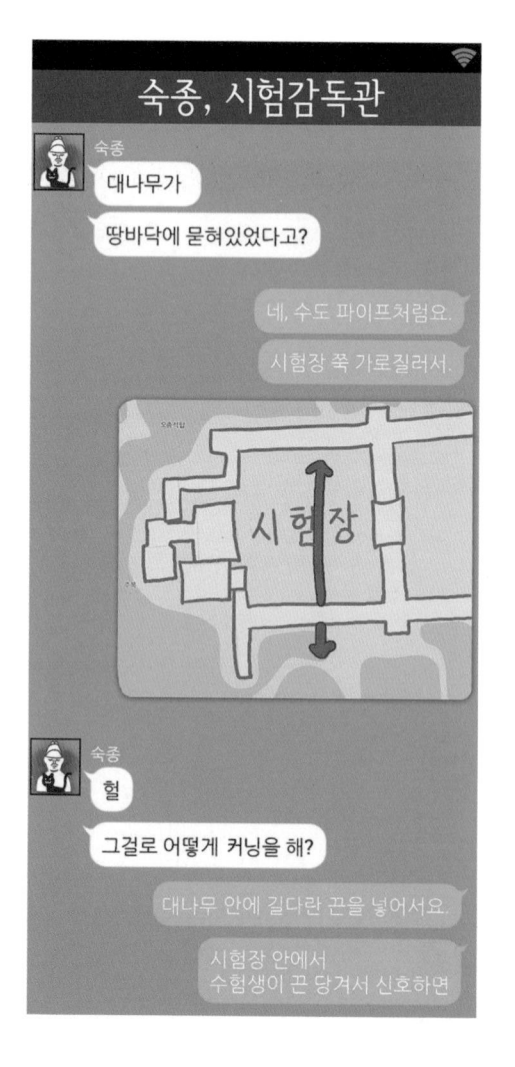

시험장 밖에서
끈에 답안지 묶어서 넣어줬대요.

숙종
와

짱이다 와

범인 과거시험에
붙었으면 좋겠다

잡아다 벌주시게요?

숙종
아니?

건설부장관 시키게ㅋ

건설적으로 미쳤어

셋이요
하ㅅ하ㅅ핫

조상님, 김민지

조상님
어떠냐? 죽이지? 기똥차지?

이대로만 하면 만점이다!

어......죄송해요

저 그냥 공부할게요.

- 열일곱 번째 이야기 -

그 임금의
부정 합격자를 대하는 법

열심히 공부하고 노력하는 대신 부정행위를 통해 시험 점수를 올리려는 수작의 역사는 아주 길고도 오래되어 이미 태종 때부터 골칫거리였다. 응시생들은 각종 커닝 페이퍼를 만들기도 하고 대리시험을 보게 하는 일도 있었다. 심지어 시험을 감독하는 시험관을 돈으로 매수하기도 했고, 자기보다 뇌물을 더 많이 준 사람이 좋은 점수를 받자 시험관의 머리를 잡아 끌고 다닌 일도 있었다.

부정행위를 아주 근절할 방법은 없었을까? 영조가 세상을 떠나고 정조가 즉위하고 나서 얼마 안 된 1776년(정조 1)의 가을, 당시 조정에서는 한림회권이라는 승진 고과 시험이 있었다. 원래는 공정하게 치러져야 마땅하겠지만 이미 썩을 대로 썩은 이 시험은 시험관과 수험자들끼리 손을 잡고 알음알음 대충대충 친한 사람들에게 좋은 점수를 줘가면서 넘겼다.

결과를 받아본 정조는 말했다. 시험에 합격한 상위 3등까지를 자기 앞으로 불러오라고. 그래서 자기가 준비한 특별한 시험을 보겠다고. 가장 먼저 쌍수 들고 반대한 사람은 바로 시험을 채점했던 사람이었다. 그런 다음 우등 성적자 세 사람은 저마다 몸이 아프다, 출장을 나갔다, 온갖 핑계를 대며 도망갔다. 하지만 상대는 쇠고집에 더해 막강한 공권력을 발동할 수 있는 임금. 정조는 "어쩜 그렇게 시험관이랑 시험 본 사람이랑 하는 말이 똑같니? 몹시 가증스럽네?"라고 비꼰다.

결국 합격자 세 명은 어명으로 붙잡혀 와 임금 앞에서 시험을 치른다. 당연히 죽을 쒔다. 좀 긴장해서 그랬다고 변명을 해주기에도 너무나 형편없었다. 말 그대로 뽀얀 백지를 세 장 제출했으니 말이다. 실력 없는 사람이 부정으로 좋은 성적을 얻었다는 사실이 명명백백히 드러나자 당연히 정조는 크게 화를 냈다. 너무나도 화가 난 나머지 세 사람에게 재시험을 치르게 한다. 아량(?)을 베풀어 자신 없어 하는 분야는 범위에서 빼주고, 그나마 자신 있다고 하는 내용으로만 시험을 볼 수 있게 해주었다. 물론 시험을 보는 당사자들은 제발 그만해 달라고 싹싹 빌었고, 신하들이 이렇게 괴롭히느니 차라리 깔끔하게 벌을 주고 끝내라며 애원을 할 정도였다. 그러나 정조는 "이딴 놈들은 처벌할 가치도 없다"라고 대답했다.

세 사람은 이전보다는 그래도 글자가 좀 들어간, 그러나 여전히 처절하게 못 쓴 답안지를 간신히 깨작깨작 적어냈다. 그러자 정조는 "이건 한 달도 안 되어 천하에 널리 퍼질 것"이라고 평했다고 한다. 물론 잘 지어서 널리 알리겠다는 것이 아니라 전국적으로 망신을 주겠다는 무시무시한 말이었다. 세 사람의 답안지를 임금께서 손수 빨간 붓……을 들지는 않았지만, 여튼 손수 하나하나 첨삭 지도를 하는 상황이 벌어진다. 이건 잘못되었고, 이건 적절하지 않으며, 여긴 문법이 틀렸다 등등. 이 평가는『실록』에 고스란히 실려 국가 기록으로 남았으니 말 그대로 공개 처형인 셈이었다. 이뿐만이 아니다. 정조는 처음 우등 성적자가 냈던 답안지와 다시 시험 봤을 때의 답안지가 딴판으로 다르다는 점을 지적했으며, "얘는 진짜 무식한 애니까 벌을 줄 필요도 없다"며 멘탈을 부수는 말을 했고, 대신 부정 시험에 연루된 시험관들은 굴비 두름처럼 엮어 파직시키거나 벌을 주는 등 엄하게 처벌했다. 이 일이 벌어졌을 당시 정조의 나이 24세였다.

이후 그 부정 합격자들의 이야기는『실록』에 다시는 등장하지 않으므로 뒷일은 알 수 없다. 그러나 이 정도까지 밝혀 놓고 다시 관직에 나섰을 것 같지는 않다. 이 사건은 당시 부정 합격 및 커닝이 만연하던 과거시험계에 커-다란 경종을 울렸다. 조선왕조실록

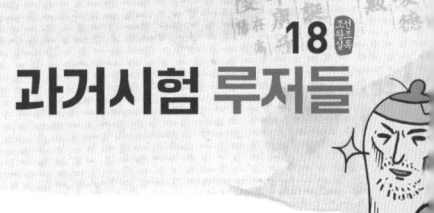

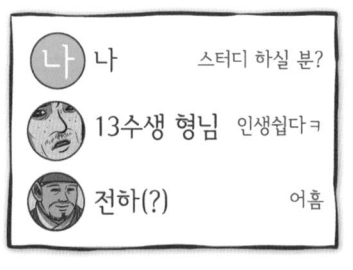

하나요 N수생

요즘 시험 공부가 안 된다.
해야 하는 건 아는데,
혼자 하려니 집중이 안 된다.

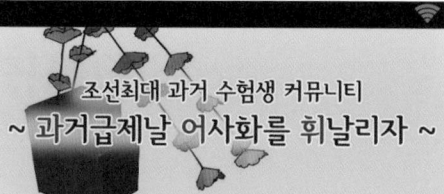

스터디원 모집 게시판

마음에 맞는 동료를 찾아 함께 학문에 정진하시오~^^

[잡과][의과] ★침통기 스터디 매주 화요일★

[문과→소과] 고전문학 스터디해옴~

[잡과][역과][왜어] 和語王に、俺はなる！(=' ω')/

[잡과][역과][중어] 这附近有百货商店吗?

[잡과][역과][여진어] 먀먀먀오랑캐말 스터디로 오랑캐먀먀먀

[무과][애국수군] ★★체력장 같이 연습하실 분★★

[잡과][관상감] 내가 보니까 너는 나랑 공부할 사주여[점성술, 풍수학 특강]

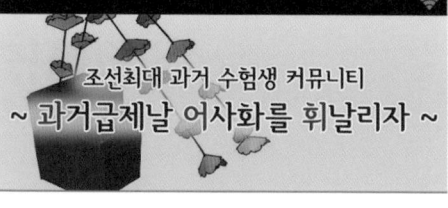

글쓰기

[문과] n수생 힐링모임 : 힘든 공부, 도와가며 함께해요^^

이제 자극 좀 받겠지^^!

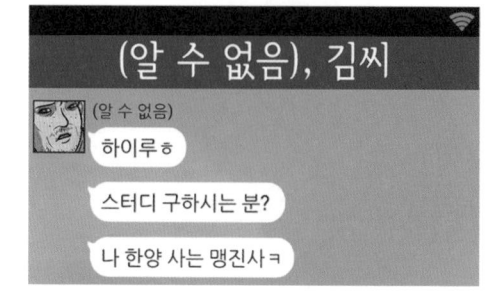

(알 수 없음), 김씨

(알 수 없음)
하이루ㅎ

스터디 구하시는 분?

나 한양 사는 맹진사ㅋ

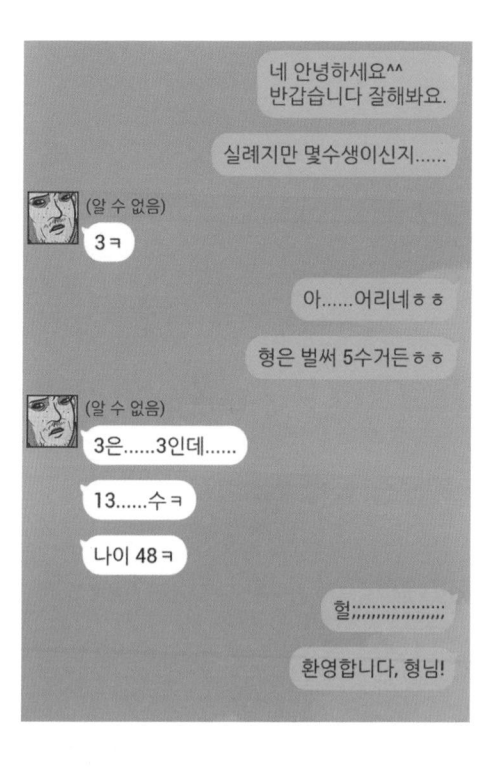

네 안녕하세요^^
반갑습니다 잘해봐요.

실례지만 몇수생이신지……

(알 수 없음)
3ㅋ

아……어리네ㅎㅎ

형은 벌써 5수거든ㅎㅎ

(알 수 없음)
3은……3인데……

13……수ㅋ

나이 48ㅋ

헐ㅣㅣㅣㅣㅣㅣㅣ

환영합니다, 형님!

과거는 정말 어려운 시험이다.

(환)피릇한 신입관료(영)

시이 신입 시이

최소_부장급.jpg

그래서 평균 합격 연령도
35세로 높다.

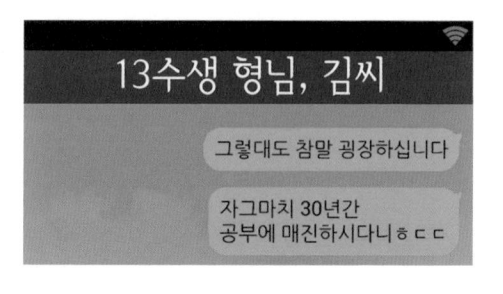

13수생 형님, 김씨

그렇대도 참말 굉장하십니다

자그마치 30년간
공부에 매진하시다니ㅎㄷㄷ

13수생 형님

이 형님이 말야,
맹씨 가문의 운명을
짊어지고 있거든ㅋ

할아버지, 아버지
두 분 다 과거급제를 못했어.

왜, 3대 안에 관직에 못 오르면
양반 취급도 안 해 주잖아ㅋ?

아......ㅠ쯤
그런 분위기 있죠

13수생 형님

동생이야말로
어린데 열심히 사네ㅎ?

올해는 꼭 취직해야 하거든요ㅠ

창피해요ㅠ
15살에 소과 초시 붙어서
천재소리 들었는데

정작 중요한 복시에서
10년째 낙방중이라......ㅠ

13수생 형님

ㅎㅎ나는 대과 초시만
20년 째야ㅋㅋㅋ

※과거시험은 5단계로 치러진다.

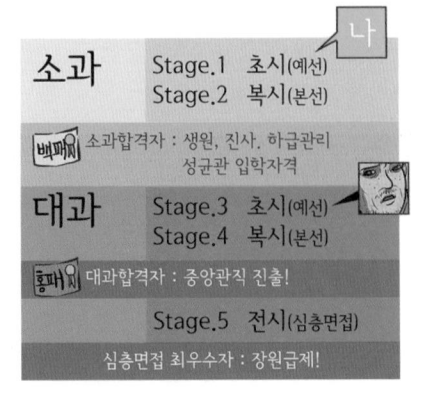

| **소과** | Stage.1 초시(예선) |
| | Stage.2 복시(본선) |

백패지 소과합격자 : 생원, 진사. 하급관리
성균관 입학자격

| **대과** | Stage.3 초시(예선) |
| | Stage.4 복시(본선) |

홍패지 대과합격자 : 중앙관직 진출!

| | Stage.5 전시(심층면접) |

심층면접 최우수자 : 장원급제!

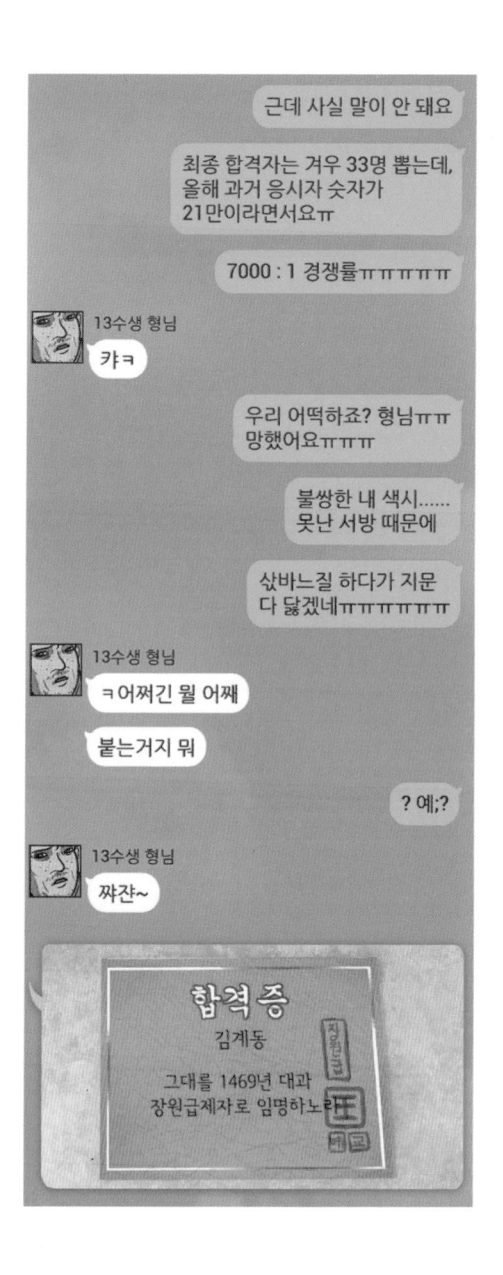

셋이요 새로운 결심

그것은
과거 합격증 '홍패'였다.

그것도 전국 수석만이 받는다는
전설의 '장원급제패'!

전하
? 누구냐

꺅 허류ㅠㅠㅠㅠㅠ

13수생 형님
죄송합니다 전하
저희 김계동 친구예요ㅎㅎ

전하
아, 그 우수한 친구?

너무나 뛰어나서 짐이
특별히 기억하고 있지.

? 짐?

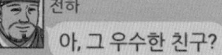
전하
친하게 지내도록. 바빠서 이만.

야 너 누구야? 임금 아니지??

13수생 형님
!? 동생 뭔짓이야;;;!!!

전하
짐을 능멸하는게냐!
네놈의 삼대를 멸하렷다!!!

형님 이놈 가짜예요!

주상전하는 "과인"이라고 하지
"짐"이라고 안 한다고요-_-

13수생 형님
뭐??;;;

맞네 이제보니까 지역번호가
한양이 아니네;;;!

야, 너 혹시 계동이야;??

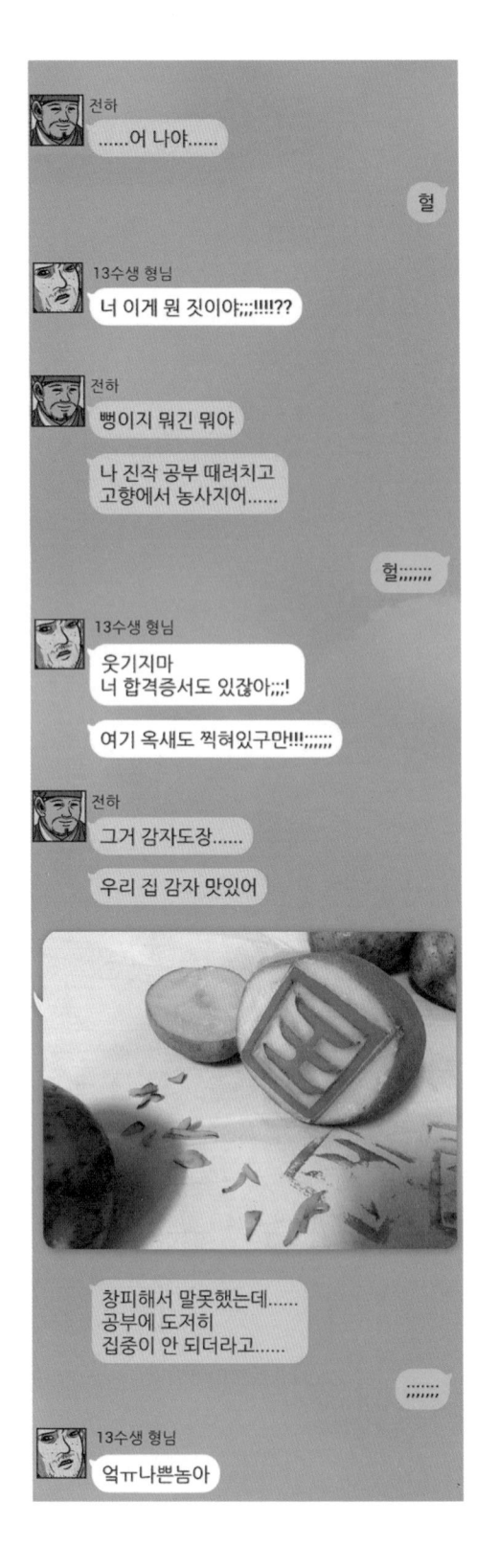

스터디 방은 폭파됐고, 나는
죽어라 공부했다.

조금만 긴장을 풀면
그 한심한 감자 도장이 떠올라서
해이해질 수가 없었다.

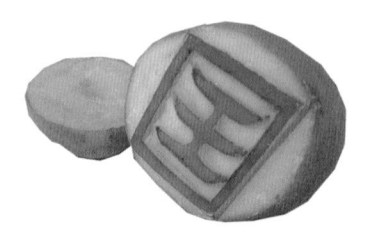

결국 난 과거 급제했다.

#자극
#어쨌든_목표달성

13수생 형님은 길드장 됐대.

출세했네. 끝.

실록에 기록된 것

- 양반들, 3~5세 무렵부터 과거시험을 준비하다. 함께 『사서삼경』을 읽거나, 초집, 선집 등 요약정리 노트를 만드는 등 공부 모습은 요즘과 비슷했다.
- 과거시험, 3년에 한 번씩 치러지다. 그러나 왕손이 태어나면 특별 시험을 치르는 등 중간중간 별시가 있었다.
- 매 과거시험마다 대과 합격자는 단 33명뿐이었다.
- 최고령 과거 합격자는 고종 대의 85세 정순교라고 한다. 이처럼 7,80대 합격자도 적지 않았다.
- 1468년(예종 1), 정병 송지득이 깨어진 표주박에 국가기관의 도장을 새겨 넣어 과거 합격증(관리 임명장)을 위조한 죄로 참형에 처해지다.

기록에 없는 것

픽션

- 수험생 카페는 없었다.

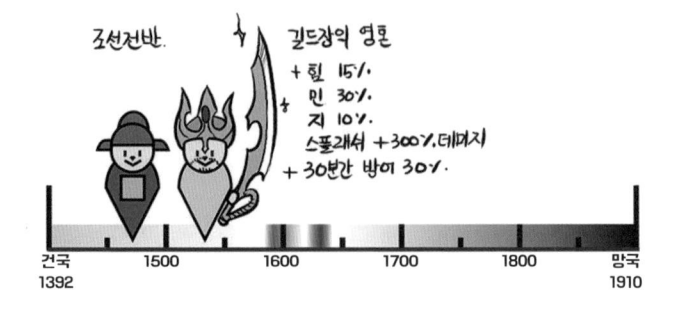

조선전반.

길드장의 영혼

+ 힘 15%.
+ 민 30%.
+ 지 10%.
스플래서 +300%.데머지
+ 30분간 방어 30%.

건국							망국
1392	1500	1600	1700	1800			1910

유리 멘탈 정약용

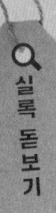

살면서 사람들은 여러 번 시험을 보게 된다. 그 시험들에서 자기 실력을 온전히 발휘했다고 자부할 수 있는 사람은 몇 명이나 될까? 살피지 않았던 범위에서 시험 문제가 떡하니 나오기도 하고, 분명히 공부했는데 잘 기억이 안 나는 때도 있다. 이 정도는 그래도 괜찮다. 답안을 밀려 쓰거나 긴장해서 잘할 수 있는 걸 못하면 참 속이 상하고 시간이 지나도 계속 기억이 날 만큼 괴롭다.

옛날 사람들도 그랬다. 조선시대 가장 큰 시험이라면 과거시험이고, 가장 명문 학교라면 성균관이다. 조선 왕조 500년 동안 얼마나 많은 학생들이 이곳에서 공부하고, 또 얼마나 많은 시험에 고통 받았겠는가?

이들 중에는 억울한 케이스도 많았다. 모의고사는 잘 보지만 정작 중요한 본시험은 망치는 사람, 수업 시간에 물어보면 무엇이든 척척 대답하다가도 시험 시간만 되면 말이 안 나올 정도로 바들바들 떨기만 하는 유리 멘탈 소유자들 등등.

역사를 잘 몰라도 정약용 이름 세 글자는 아는 사람들이 많을 것이다. 그는 훗날 학자로서 역사에 이름을 남긴 사람답게 많은 분야를 잘 알고 공부도 아주 잘했다. 하지만 그는 시험, 그중에서도 중요한 시험만 족족 망치는 데에도 천부적인 재능을 발휘했다. 그가 성균관에 입학했을 때는 22세였다. 당시 과거 자격 시험으로 초시가 있었고, 성균관에서는 과거의 모의고사 격인 반제를 치렀다. 정약용은 초시에는 네 번, 반제에는 일곱 번이나 합격을 한 데다 이 중 네 번은 수석인 장원 급제를 했다. 앞길에 승승장구 비단길이 놓여 있을 것 같았지만 정작 관직에 나아가기 위한 본시험인 문과에서 떨어지고 만다.

한 번은 떨어질 수도 있다. 그런데 한 번이 두 번이 되고 두 번이 세 번이 되며 정약용은 계속계속 미역국을 드링킹한다. 여전히 성균관에서의 모의고사는 보는 족족 수석, 장원이었는데도 말이다. 그렇게 하릴없이 1년이 흐르고, 3년이 흐르고, 5년이 된다. 요즘도 삼수생이라 하면 가자미눈으로 보는데 5수생이니 오죽했을까? 마침내 정조는 화가 났다. 아니, 쟤가 과거만 통과하면 요런 자리도 주고 저런 일도 시켜서 뼛골 빠지도록 부려먹어 나라에 큰 보탬이 되게 하려는데, 아 글쎄 모의고사에서만 줄창 1등을 먹으면서 과거를 못 붙고 있지 않나.

그래서 1787년(정조 11) 가을, 춘당대에서 벌어진 입시 면담의 날, 촛불을 켜고 정조와 정약용은 마주 본다. 그날 정약용은 그저 임금님이 친히 "너 초시 몇 번이나 봤니?"라고 물으며 과거 못 붙는 것을 안타까워했다고 좋게 표현했지만. 성질 급하고 쪼잔한데다가 집요하기로는 조선 왕조 금메달인 정조였으니 그 진학 지도의 강도가 얼마나 강했을까. 그냥 상상에 맡겨야 할 것이다. 그렇게 늦은 밤 임금과 마주 앉아 조이고 조이고 조인 정약용은 영혼이 탈곡당한 기세로 터덜터덜 물러나야 했다. 그리고는 늦은 밤에 홀로 눈물을 펑펑 쏟았다. 이렇게 야단맞은 것도 화가 나고 속상했겠지만 가장 속상했던 것은 중요한 시험마다 쪼그라드는 자신의 새가슴이었을 것이다. 임금표 닦달 덕분인지 2년 뒤 정약용은 드디어 유리멘탈을 딛고 일어나 식년시 문과 시험에서 갑과 2등. 그러니까 전체 2위라는 높은 성적으로 합격하게 된다.

그렇게 정약용은 오랜 고난 끝에 과거에 급제하고 꿈에도 그리던 관직에 나아간다. 그리하여 이후로 영원히 행복했을 거 같지만…… 사람 사는 것이 그렇게 끝나지는 않는다. 이후 정약용은 암행어사 노릇도 해보고, 모교인 성균관의 교수로 가서 공부라곤 지질하게 안 하는 애들 때문에 고생도 하고, 서학 때문에 자리에서 쫓겨나도 보고, 무엇보다 무려 18년 동안 귀양을 가게 된다. 그러나 정약용은 이런 고생 와중에 수백 권의 책을 써서 우리나라에서 가장 사랑받는 학자가 되었으니 역사적 시점에서 보았을 때는 역전극이라고 할 수도 있을 것이다.

그러니까 이번 시험을 못 봤다고 너무 절망하지도 말고, 시험 잘 봤다고 너무 기뻐하지도 말 것. 인생의 다음에 뭐가 있을지 아무도 모르는 법이고, 무엇이 성공이고 실패인지는 그 순간에는 정말로 알 수 없으니 말이다. 조선왕조실록

19

조선시대의 등록금은 얼마?

하나요
합격 발표

(평범한 시험 끝난 수험생)

 김계동 폐인모드/제발붙어라

공자님부처님하느님예수님알라님

저 합격만 시켜주시면 뭐든지 할게요.
진짜 착하게 살게요.
제 수명 10년 가져가셔도 좋아요.

그러니
제발제발제발제발......!

.
.
.

<소과>합격자발표				
수험번호	응시과목	이름	합불사항	석차
1552-0917	진사시	김계동	합격	30

click!
신입생 속수례 안내문 인쇄마법사

프린트하시어 입학식날 지참하시기 바랍니다.

**앗싸아아앙ㅏ 아
아아아아ㅏ 아아
아아ㅏ ㅏ ㅏㅠㅠ!**

엄마

엄마엄마엄마
나 소과 붙었어어어ㅜㅜㅜ
오후 12:24

<소과>합격자 리스트				
수험번호	응시유형	이름	답중사항	석차
1552-0917	전사시	김계동	합격	30

오후 12:24

엄마
아이구 세상에 오후 12:26

엄마
아들 너무너무 장하다! 오후 12:26

오후 12:26

전국에서 딱 100명 붙었어
오후 12:29

올해 경쟁률 쩔었는데ㅜㅜ
오후 12:30

엄마
그럼 아들 이제 관직
얻은거야?
오후 12:37

아니 아직ㅎㅎ
오후 12:38

그건 대과 붙어야돼ㅇㅇ
소과는 예선시험같은 거?
오후 12:39

대신에 나 성균관 갈 수 있어 엄마!
오후 12:40

엄마
진짜???성균관??? 오후 12:41

엄마
조선 제일가는 명문대
성균관??
오후 12:41

넴 성균관ㅜㅜㅜㅜㅜ
소과합격자만 받는대
오후 12:41

거기 완전 사관학교야 엄마
오후 12:41

봄에 원서 쓸거야
오후 12:47

엄마
세상에 내가
성균관 유생 엄마라니~^.^~
오후 12:47

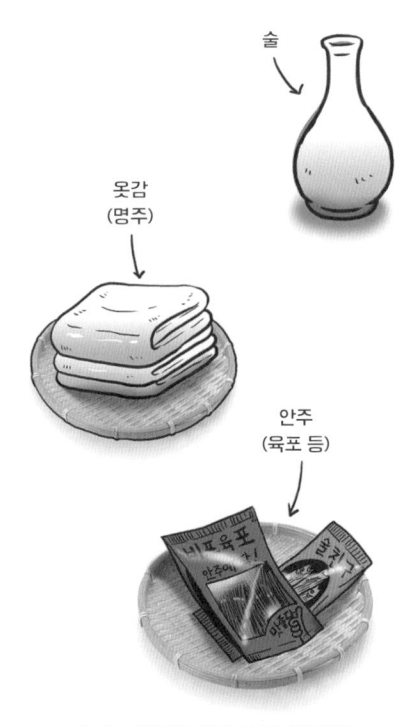

셋이요 속수(束脩)

술

옷감
(명주)

안주
(육포 등)

속수 : 성균관 입학식 날, 제자가
배움을 청하며 교수님께 바친
세 가지 물건. 입학금(예물).

"등록금은 전액 무료래요."

실록에 기록된 것

- 과거는 소과와 대과 두 가지.
- 소과는 진사과(유교 경전 논술 시험), 생원과(문예 창작 시험).
- 소과 합격자는 전국에서 단 100명뿐.
- 소과에 붙으면 성균관 입학 자격이 주어졌다.
- 성균관은 조선의 미래를 이끌 관리를 양성하는 사관학교. 법, 역사, 행정, 유교 경전 등을 가르치고 대과 입시 수업을 했다.
- 학비는 물론 옷, 밥, 기숙사, 학용품, 병원비 일체를 나라에서 지원했다. 나라를 위해 일할 학생들이므로.
- 속수례 : 명주 묶음, 술, 안주를 스승께 바치는 의식.
- 문종, 정조 등 임금들도 성균관에 입학했는데, 스승께 절하며 공손히 속수례를 치렀다.

기록에 없는 것 픽션

- 물가는 시대에 따라 크게 다르지만, 대략 요즘 돈으로 추산하면

  옷감 : 30~100만 원
  술 : 5~10만 원
  안주 : 3~5만 원

  속수값으로 도합 150만원 정도 들었으리라 짐작된다.

  –자료 : 18세기 양반 황윤석이 쓴 책 『이재난고』

성균관 유생들의
하숙 생활과 아르바이트

실록 돋보기

조선 최고의 교육 기관인 성균관. 기숙 100%에 무료 급식, 뛰어난 선배들이 줄줄이 배출된 명문 학교이기에 누구나 입학을 바라 마지않았다. 그러나 그것과는 별개로 기숙사 생활은 몹시 불편하고 밥도 맛이 없었기 때문에 밖에 나와 사는 학생들이 많았다.

밖이라 함은 반촌을 뜻한다. 전해지는 설에 따르면 고려 때 처음 성균관이 만들어졌을 때, 성리학을 처음 들여왔던 안향이 자신의 노비들을 성균관에 기부(?)했고 그들의 후손들이 반인, 곧 반촌의 사람들이었다고 한다. 그들은 태어나면서 죽을 때까지 성균관과 얽혀 살았다. 소를 잡아 고기를 성균관에 보급하는 일도 했고, 하숙도 운영했다. 하숙도 대를 이어 했으니 양반 아버지가 어느 반촌 집에서 하숙을 했으면 수십 년 뒤 그 아들도 성균관에서 공부를 할 때 바로 같은 하숙집을 이용하게 되었다.

당시 반촌 하숙촌 풍경은 어떠했을까? 요즘 '하숙'이라고 하면 원룸이 떠오른다. 방 하나에 개인 화장실도 있고 창문도 있어 개인 사생활이 보장되는 좁지만 아늑한 공간. 그런데 조선시대에 그런 게 어디 있나. 방 두 칸 반촌의 집에 양반 넷이 하숙을 하게 되면 게딱지만한 방에 양반 둘이 룸메이트로 한 방을 차지하고 지냈다. 집주인은 부엌에서 자야 했다.

참 궁상맞고 힘든 생활이었을 것 같은데, 그래도 성균관 기숙사 생활보다는 낫다고 학생들은 꾸역꾸역 하숙촌 신세를 졌다고 하니 신기한 노릇이다. 반촌의 하숙가는 현대 대학촌이 그런 것처럼 군것질거리의 천국이기도 했다. 떡국이나 콩죽 등 대충 끼니를 때울 수 있는 간식거리를 잔뜩 팔고 있었고 배가 고프면 얼마든지 (맛없는 급식 대신) 사먹을 수 있었다.

그러나 모든 것은 돈이 있어야 가능했다. 화폐 경제가 그럭저럭 발달한 영·정조 즈음 황윤석이 쓴 『이재난고』를 비롯한 몇몇 수험생들의 기록을 보면 바로 그런 수험생들의 생활고가 여실하게 드러나 있다. 과거를 준비하는 것은 지금의 고시 공부나 다를 바 없이 시간과 돈이 드는 고생스러운 일이었다. 그나마 서울이라면 어떻게 할 수 있겠지만 시골에서 살다가 과거시험 하나만 목표로 하고 서울로 와서 하숙 생활을 하는 수험생 양반들은 당연히 살림이 격하게 쪼들릴 수밖에 없었다. 서울로 유학을 온다는 자체가 어느 정도 집이 부유할 때 가능한 일이기는 했지만, 워낙 과거시험이 치열해지고 합격하기보다는 불합격하기가 쉬운 시험인지라 수험 기간은 엿가락처럼 늘어났고 돈도 끝없이 들어갔다.

먼저 서울에서 사는 숙소비(방값), 여기에 교통비(말을 타고 다녔기에 말 먹이 비용이 들었다)가 기본이다. 이들은 양반이니 심부름하는 하인이 따라다녔고 하인도 사람이니 먹고 사는 비용이 발생했다. 살림하는 게 힘들다고 가정부 겸 첩을 들이는 경우도 있었다. 이렇게 보면 전혀 고생스럽지 않은, 돈이 엄청나게 많이 드는 게 당연한 굉장히 럭셔리한 생활이라는 생각이 든다. 어쨌거나 생업엔 손가락 하나 까딱하지 않아도 되었던 양반들로서는 이런 생활이 참 고생스러웠는지 일기를 보면 우는 소리가 가득하다.

황윤석은 전북의 고향집에서 돈을 부쳐줘 그럭저럭 살았지만 그래도 부족한 생활비를 메우기 위해 '알바'를 뛰어야 했다. 양반이 아르바이트라고? 놀랍겠지만 당연히 본인이 한 것은 아니었다. 아르바이트를 한 것은 다름 아닌 하인과 말이었다. 본인은 말을 출퇴근할 때만 타고 남는 시간 동안은 하인이 말을 데려가 일을 시키고 품삯을 받아 오는 방식이었다.

현대 일반인의 기준에서는 매우 편한 생활을 하고 있는 것이고, 본인은 공부만 하면 되었을 것도 같다. 어쨌든 황윤석은 배탈이 나서 앓기도 하고, 말이 앓기도 하고, 결정적으로 시험에서 계속 떨어져 간신히 고을 사또 노릇을 했고 그나마도 금방 그만두었다. 결국 목표를 이루지 못한 우울한 인생 같기도 하지만 그는 언어학을 공부해 많은 책을 남겼고 무엇보다도 많은 일기를 남겨 당시 조선 사람들이 어떻게 살았는지를 알려준다. 조선왕조실록

20

과거 급제를 한 **노비**

흙바닥에 그린
소년의 작은
꿈.

어린 노비, 석평

저는 충청
이참판댁에 사는 노비
석평입니다.

제 나이 열세 살,
이 집 도련님과 또래인지라
친구로 지내고 있어요.

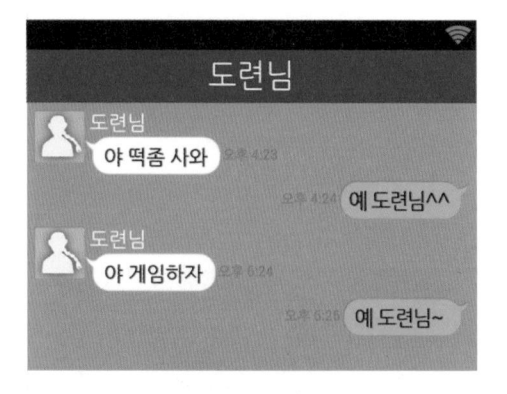

**맞습니다.
저는 도련님 셔틀입니다.**

하지만 이 생활도 좋습니다.
특히 도련님이 방에서 과외받는 동안,

마당에서 무릎 꿇고
기다리는 게 정말 좋습니다.

**제게는,
작은 비밀이 있거든요……**

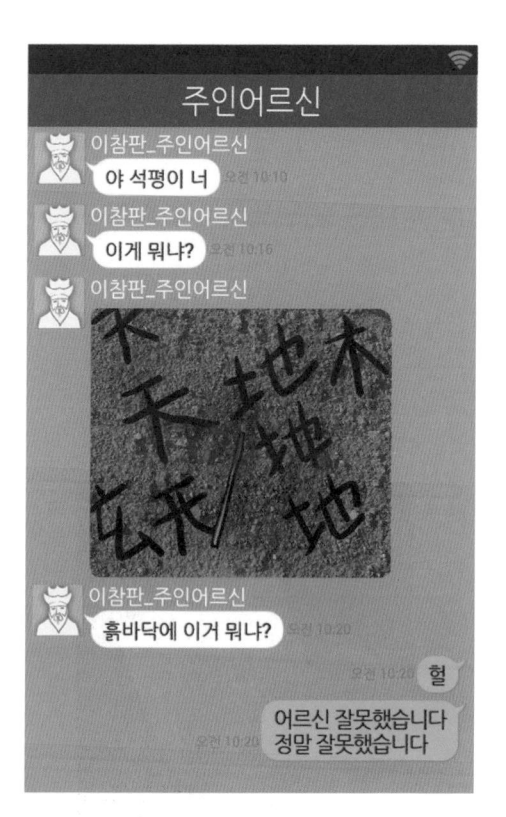

사진을 보자마자,
저는 그저
비는 수밖에 없었습니다.

아····· 걸렸습니다······.

하시면서도 어르신은 저를
격려해주셨어요.
공부를 절대 포기 말라고요.

그리고 저 노비 석평,
그 은혜 잊지 않고 1507년(중종 2)

과거에 급제했습니다.

셋이요

직장 내 왕따, 그러나…

이게 전래동화였다면,

"노비 석평은 관직에 올라,
행복하게 살았답니다~" 하고
끝나는 건데……하하.

**현실은 호락호락하지
않았지요.**

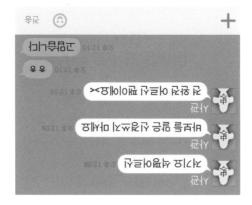

몸은 이렇게 아픕니다.

그러나 사진은 올리지 않습니다.

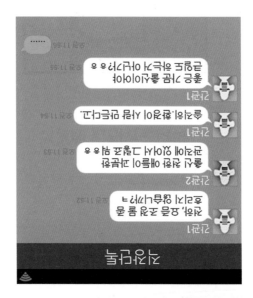

- 반석평, 천민 출신으로 과거에 급제해 당상관까지 오르다.
- 간관들, 중요한 직책을 어찌 천민이 맡느냐며 중종에게 간언하다. "그 인물뿐만 아니라 반드시 문벌도 보아야 합니다." "반석평은 신분이 미천하여 이미 후보에서 걸렸습니다."
- 중종, "신분이 천한 고위 관직자 사례를 찾아 올려라. 다른 불만 사항은 접수 않겠다." 명하다.
- 중종, 이후 반석평을 형조판서에까지 올리다.
- 사관(왕의 말을 받아 적는 서기관), 코멘트로 "사람을 능력 보고 뽑아야지 가문 운운하다니 안타깝. 반석평은 할머니가 고생해가며 한양에서 공부시킨 끝에 고위관직에도 오른 사람임" 적어두다.
- 고종, 1886년 노비 세습을 금지하다.

기록에 없는 것   픽션

- 이참판 이야기는 야사에 등장한다. 버전이 여러 가지인데, 땅바닥에 글씨를 쓰다 들켰다고도, 참판 다리를 주무르다 글월을 읊어서 들켰다고도 한다.
- 야사에서는 이참판댁이 결국 몰락해서, 반석평이 구원해준다고 결말짓고 있다.
- 이참판의 춘대례(春大禮)는 상상의 산물이다.

- 스무 번째 이야기 -

종1품이 된 얼자

조선시대는 엄격한 신분제의 나라. 그래서 아무리 능력이 있다 한들 신분과 집안이 받쳐주지 않으면 말짱 꽝이었다. 하지만 여기에도 예외는 있는 법. 순수한 자신의 능력, 운, 줄타기만으로 신분의 한계를 뛰어넘은 사람이 또 한 사람 있으니 세조에서 중종 치세에 이르기까지 관직을 유지했던 유자광이다.

그는 원래 중추부지사 유규의 서얼로 태어났다. 전해지는 민담에 따르면, 유규는 어느 날 하얀 호랑이 꿈을 꾸고 이게 태몽이라는 걸 깨닫고는 급히 집의 여자종을 강간해서 아이를 낳았는데 이 아이가 유자광이라고 한다. 어디서 들어본 것 같은 이야기라고? 바로 『홍길동전』의 도입부다. 홍길동도 서얼이었던 걸 생각하면 시사하는 바가 크다. 이런 민담은 그가 백호의 기운을 타고난 굉장한 인재임을 암시하지만 신분은 서얼, 그것도 엄마가 천민인 얼자였으니 세상과의 충돌은 예견되어 있었다.

실제로 유자광의 능력치는 대단했다. 그는 『실록』에서 직접적으로 '잘생겼다'라고 언급된 『실록』 인증 미남이었다. 여기에다 무과에 급제할 정도의 무술 실력에, (세조의 입김이 있긴 했지만) 과거시험에도 장원 급제했으니 재색과 문무를 모두 겸비한 능력자였으며 세조의 총애를 받기까지 했다. 하지만 유자광의 진정한 진가는 출세의 기회를 잡는 것이 아니라 살아남는 기술에서 더 드러났다.

보통 유자광은 친구였던 남이 장군을 모함하고 무오사화를 일으켜 많은 사람들을 죽인 것으로 악명이 높다. 그러나 서얼 출신으로 여기저기서 구박받았던 유자광과 종실 출신으로 안하무인이었던 모태 도련님 남이가 친구일 가능성이 얼마나 되었을까?

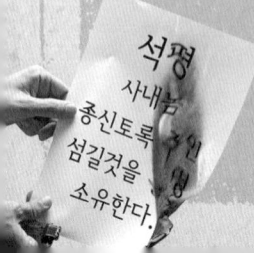

석평

사내놈
종신토록
섬길것을
소유한다.

무오사화는 유자광이 사림의 지도자였던 김종직에게 원한이 있어 일으켰다고 알려져 있다. 관직에 오른 이래 수십 년 동안 신분 때문에 괄시당한 유자광이 원한을 품지 않았다면 오히려 부자연스러운 노릇이다. 세조, 예종, 성종까지도 유자광의 신분이 천하니 벼슬을 주면 안 된다는 신하들의 반발에 "능력만 있으면 된다"라고 받아치며 지긋지긋해할 정도였으니 그 '왕따'의 정도가 보통이 아니었을 것이다. 물론 유자광이 선한 인물이었다는 것은 아니다. 그러나 모든 악업이 유자광 한 사람 때문에 벌어지지도 않았다. 어차피 유자광이 없었더라도 예종과 연산군은 눈엣가시였던 남이와 사림을 찍어 냈을 테니까.

신분도 없고 뒷배도 없는 유자광이 살아남기 위해서는 왕의 총애를 얻는 수밖에 없었다. 왕들이 유자광을 말 잘 듣는 사냥개로 이용했다면 유자광은 왕을 이용해 신분이라는 약점을 커버했다. 게다가 그는 한 번 이용당하고 버려지지 않고 왕이 몇 번 바뀌는 동안에도 끝까지 살아남았다. 유자광의 놀라운 정치적 감각이 가장 눈에 띄는 부분은 연산군 아래에서 권력을 누려놓고는 중종반정에 참여해서 공신이 되었다는 데 있다. 물론 나중에 신하들의 반대로 쫓겨나긴 했지만 말이다. 그야말로 눈치의 귀신! 줄타기의 달인! 비록 말년에 귀양을 떠나기는 했지만 그는 끝까지 큰 부침 없이 살다가 74세에 세상을 떴다.

그 외에도 그는 『악학궤범』의 제작에도 참여하고 종1품 벼슬까지 한, 조선 역대 최고로 출세한 서얼이었다. 부관참시 당할 것을 예상해 하인을 대신 자기 묏자리에 묻었다는 민담이 있지만 이는 사실이 아니다. 오히려 이 이야기는 유자광이 늘 자신을 질시하는 자들의 머리 위에 앉아 있었다는 것을 암시하는 것 같기도 하다.

유자광의 가장 뛰어난 장점은 강철 멘탈이었다. 수많은 사람들이 "유자광은 타고난 신분이 천하니 자격지심 때문에 관직 생활을 잘 못할 것"이라고 수군거렸지만 세상 사람들이 죄다 자신을 간신이라 욕했음에도 유자광은 흔들림 없이 잘 먹고 잘 살며 자기 갈 길을 갔다. 그런 점만큼은 본받을 만하다. 아마 그는 조선시대 서얼들의 가장 큰 롤 모델이자 워너비였으리라. 조선왕조실록

4부

사회
문화
탐구

일도 공부도, 맛있는 음식도 예쁜 옷도
세상이 똑바로 돌아갈 때 집중하고 즐길 수 있는 법

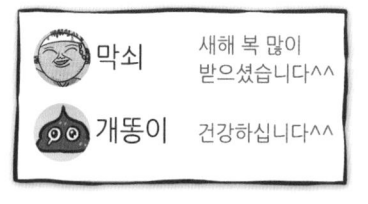

강녕ㅎㅎ 처음뵙겠음
나는 조선 백성 막쇠임ㅇㅇ

[막쇠(천것, 19세)]
김진사댁 사노비. 막생겨서 막쇠.

오늘은 조선의 설날 풍습을
소개할 껀데ㅇㅇ

님들 이거 앎?

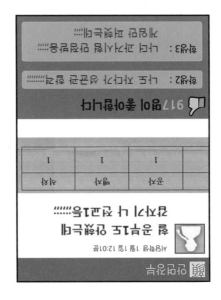

세세만만 만찬,
판독 조각 검박여사니는

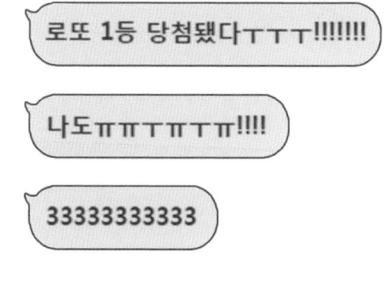

로또 1등 당첨됐다ㅜㅜㅜ!!!!!!!

나도ㅠㅠㅜㅠㅜㅠ!!!!

33333333333

기적이 일어남
ㅋㅋㅋㅋㅋㅋㅋㅋ

시간을 달리는 소원

떼로 부적 쓴 거 아님ㅇㅇ
이게 갓조선식임ㅇㅇ

"소원이 이미
이뤄진 것처럼 말하기"

이건 내 꺼 말고
남 덕담해줄 때도 똑같음
숙련된 조교의 시범을 보겠음.
↓↓↓↓↓↓↓↓↓

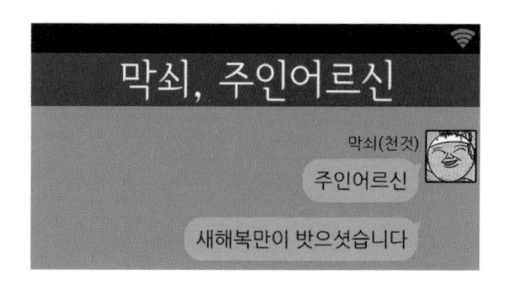

오냐~^^

너도 새해 복 많이 받아서 좋겠구나

올해 내내 병 하나 안 걸리고
건강하다니~부럽다~^^

내

어르신도 백살까지 사셨내요

근데 벽에 ㄸ칠도 안하시고 부럽ㅜ

주인어르신

^^;고마워~

근데 이거 잘하면
진짜 훈훈하뮤ㅠㅠㅠㅠㅠㅠ

뭐냐면

이건 작년 설날에 나 입원했을 때
↓↓↓↓↓↓↓↓↓

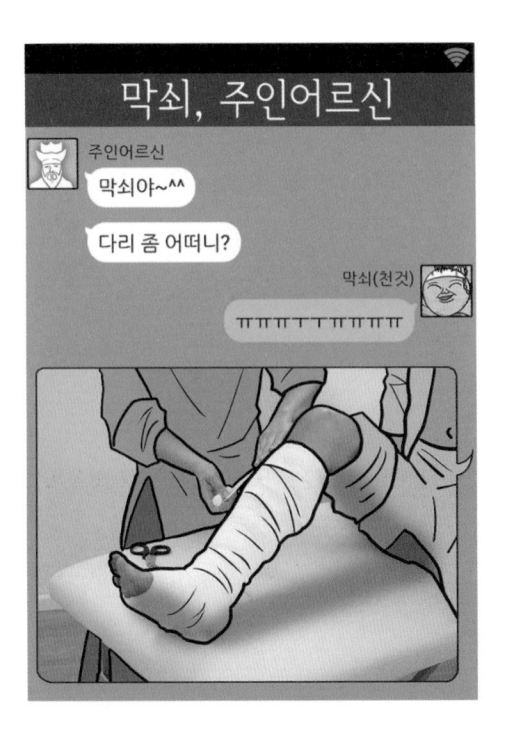

막쇠, 주인어르신

주인어르신

막쇠야~^^

다리 좀 어떠니?

막쇠(천건)

ㅠㅠㅠㅜㅠㅠㅠㅠㅠ

다리 다 낫고 나서
주인어르신 업고
마당 100바퀴 돌았으뮤ㅠㅠㅠ

셋이요 훈훈훈?

근데 나는 앎ㅇㅇ

내가 사랑♥을 받으면
남한테도 사랑♥을 나눠줘야 함

마침 나는 불쌍한 친구가 있음
↓↓↓↓↓↓↓↓↓

☜♥받아랏 친구야♥☜

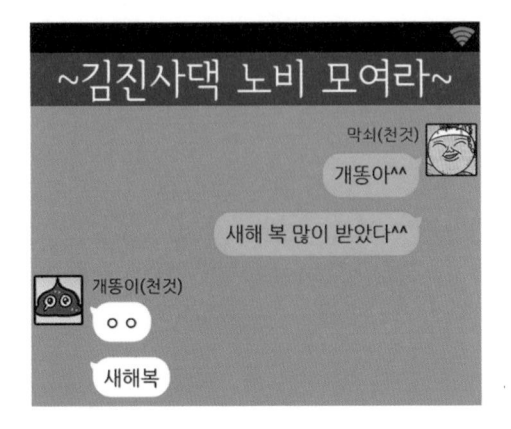

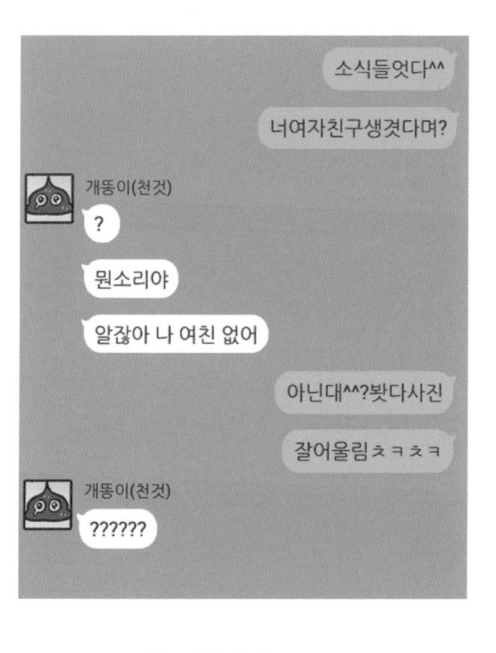

소식들엇다^^

너여자친구생겻다며?

개똥이(천것)
?

뭔소리야

알잖아 나 여친 없어

아닌대^^?봣다사진

잘어올림ㅊㅋㅊㅋ

개똥이(천것)
??????

쑥스럼타네ㅋㅋㅋ
근데 멈추면 안됨 더 리얼해야 함

내가 겪어봐서 앎
그래야 사랑이 전해짐ㅇㅇ

니여친 니대게좋아하던대^^
막 인수다에 자랑하고^^

헐 손수 니 고쟁이도 짜줫네? 대박

개똥이(천것)
뭐래 헛소리 그만해

야조만간 국수먹겟다

개똥이(천것)
그만하라고

ㅊㅋㅊㅋㅊㅋㅊㅋ

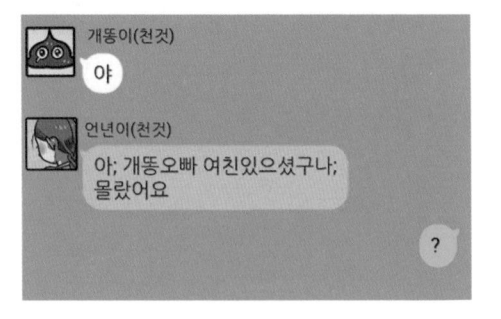

개똥이(천것)
야

언년이(천것)
아; 개똥오빠 여친있으셨구나;
몰랐어요

?

^^?

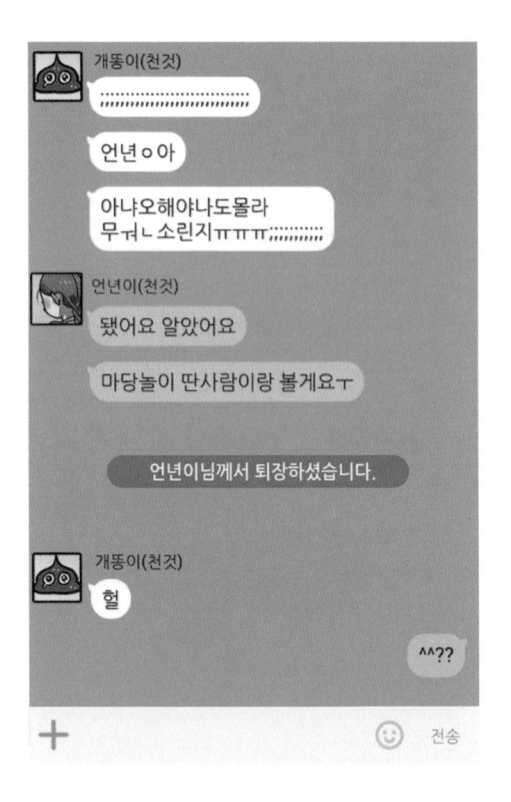

개똥이(천것)
;;;;;;;;;;;;;;;;;;;;;;;;;

언녕ㅇ아

아냐오해야나도몰라
무ㅝㄴ 소린지ㅠㅠㅠ;;;;;;;;

언년이(천것)
됐어요 알았어요

마당놀이 딴사람이랑 볼게요ㅜ

언년이님께서 퇴장하셨습니다.

개똥이(천것)
헐

^^??

\+   ☺ 전송

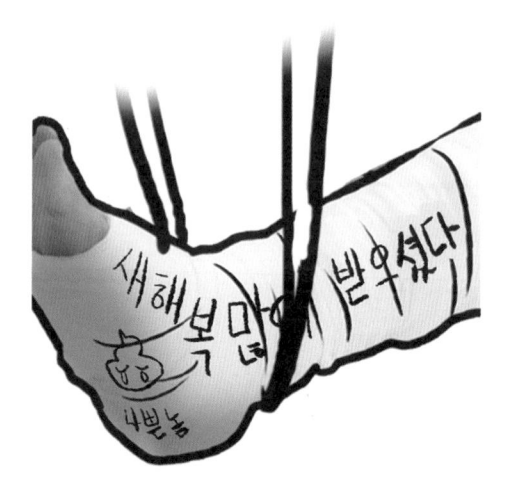

새해 복 많이 받아서 좋겠다.

너도 좋겠다. 끝.

실록에 기록된 것

- 정월 초하루, 조선 임금들 백성들과 왕실 가족들에게 새해 인사하다.
- 정조, 왕실 어르신께 "늘 건강하시고 삶에 복이 가득하시니 기쁘다" 하다.
- 숙종, 고모 숙휘공주에게 "병이 다 쾌차하셨다니 기쁘다" 한글 편지 쓰다. - 〈한국학중앙연구원, 2012년 기사〉

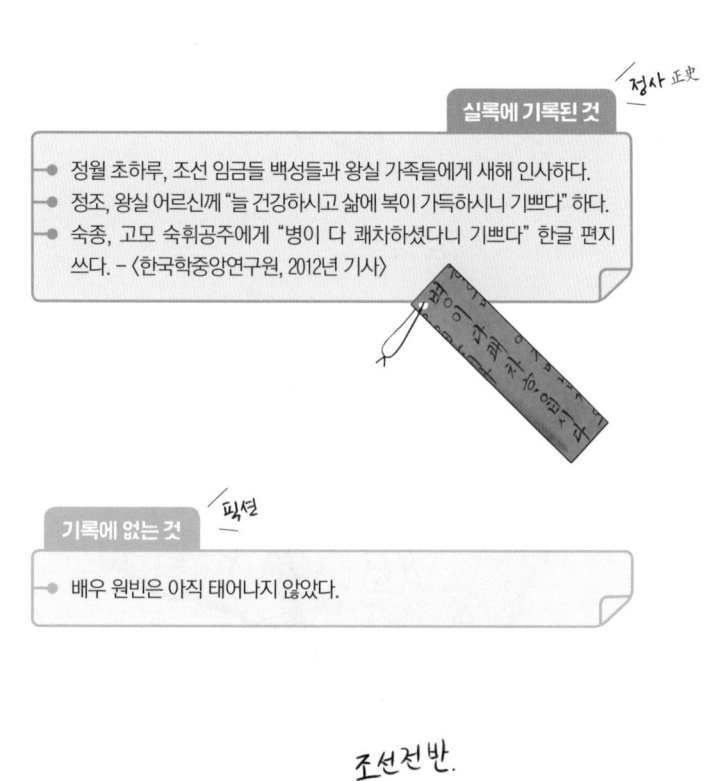

기록에 없는 것

픽션

- 배우 원빈은 아직 태어나지 않았다.

조선전반.

| 건국 1392 | 1500 | 1600 | 1700 | 1800 | 망국 1910 |

- 스물한 번째 이야기 -
한 살 더 안 먹고 말 테다!

사람에 따라 설날에 대한 인상은 다를 것이다. 세뱃돈을 두둑이 받고 맛있는 음식도 잔뜩 먹는 즐거운 날일 수도, 한 일도 없는데 한 해가 후딱 지나간 것만 같고 또 한 살 늙었다는 사실이 슬프기만 한 날일 수도 있다. 그 마음은 조선시대 사람이라고 다를 바 없었으니, 참으로 많은 이들이 한 살 더 먹는 것을 괴로워하면서 설날을 맞이했다.

조선시대 설날에는 도소주라는 술을 마셨다. 술에 계피와 방풍 등 향료를 이것저것 넣어서 만든 약주였는데, 이것을 마시면 병에 걸리지 않는다고 여겼다. 재미있는 것은 이 술을 그냥 마시는 게 아니라 나이순으로 마셨다는 것이다. 도소주도 장유유서였을까? 도소주는 반대로 어린 사람부터 나이 많은 순서대로 마셔야 했다. 이 말인즉 술을 나중에 마시면 마실수록 늙었다는 소리다. 처음엔 멋도 모르고 마시는 도소주였을 테지만 시간이 흐를수록 자기보다 먼저 술을 마시는 사람이 점점 늘어나고, 자신의 나이를 강제로 체감하게 된다. 이처럼 가혹한 명절 풍습에 많은 조선의 사람들은 "나이 먹는 거 싫어! 정말 싫어!" 하며 절규했다.

『성호사설』의 저자 이익이 지은 시는 그런 의미에서 심금을 울린다. "내가 제일 마지막으로 도소주 마시니 너무 처량해. 떡국도 무지 많이 먹었지"라며 나이 많음을 한탄하는 시이다. 가만, 떡국이라고? 그렇다, 1800년대에 만들어진 요리책인 『시의전서』에는 떡국의 레시피가 나와 있는데, 지금 우리가 아는 떡국과는 조금 달라서 꿩으로 낸 국물에 떡을 데쳐 뜨거운 국물을 끼얹어 먹는 요리였다. 그러다 정조 즈음이 되면 지금 우리가 먹는 것과 거의 비슷한 떡국이 만들어지고, 또 설날의 풍습으로 떡국 먹기가 당연해졌다. 떡국을 먹으면 나이 한 살 더 먹는다는 발상도 이미 그때부터 있었다.

백탑파의 책벌레인 청장관 이덕무는 떡국을 몹시 싫어했다. 설날을 맞이하여 기뻐하며 즐거워하기는커녕 "너무너무 미워. 새하얀 떡국이. 사람의 나이를 더해주니 난 먹고 싶지 않아"라는 내용의 시를 지었다. 아예 떡국에 첨세병添歲餅이라는 이름을 붙여주었으니, 뜻을 풀이하자면 '나이를 더해주는 떡'이라는 뜻이다. 얼마나 나이 먹는 게 싫었으면 그랬을까. 재미있는 것은 이 시를 썼을 때 그의 나이는 고작 25세였다. 많은 나이도 아니건만 이덕무는 이미 인생의 절반을 다 살았다며 몹시 우울해했다.

새해 첫날이면 나이를 안 먹었다고 우기는 사람도 나왔다. 철종 때의 사람인 서경순徐慶淳은 사신을 따라 중국을 다녀오는 와중에 설날을 맞이했다. 때마침 외국이다 보니 떡국을 구할 수 없어 먹지 못했는데, 그러자 서경순은 몹시도 뿌듯하게 말했다. "난 나이 안 먹었어. 떡국을 안 먹었거든!"

어찌 보면 애처로울 정도로 현실을 도피하는 그였지만 같이 있던 일행은 "나이는 안 먹었다고 쳐도, 머리가 새하얗게 센 건 어쩔 거요?"라며 직격탄을 먹였다 한다. 서경순은 하얗게 센 머리를 만지작거리며 어쩔 수 없다고 답했다나.

나이 좀 안 먹겠다고 떡국까지 거부하며 투덜대는 옛 사람들을 보면 예나 지금이나 변함없는 사람의 속성에 웃음이 난다. 설날 밥상 위에 올라와 있는 떡국을 봐도 마냥 기쁘지만은 않을 때가 바로 어른이 되는 순간이 아닐까. 조선왕조실록

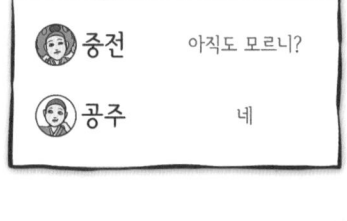

하나요
사극에서

새 술이 익어가며,
채워 담지 채나를 들이는 굳이
술맛았다.

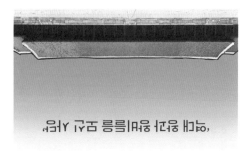

월이름 (月醴)

종묘 = 왕실의 정통성

사직단

사직(社稷)

(한양 사직단은 흔적만 남음)

'농경국가에서, 땅의 신(사社)과
곡식의 신(직稷)에게
제사 올리는 제단'

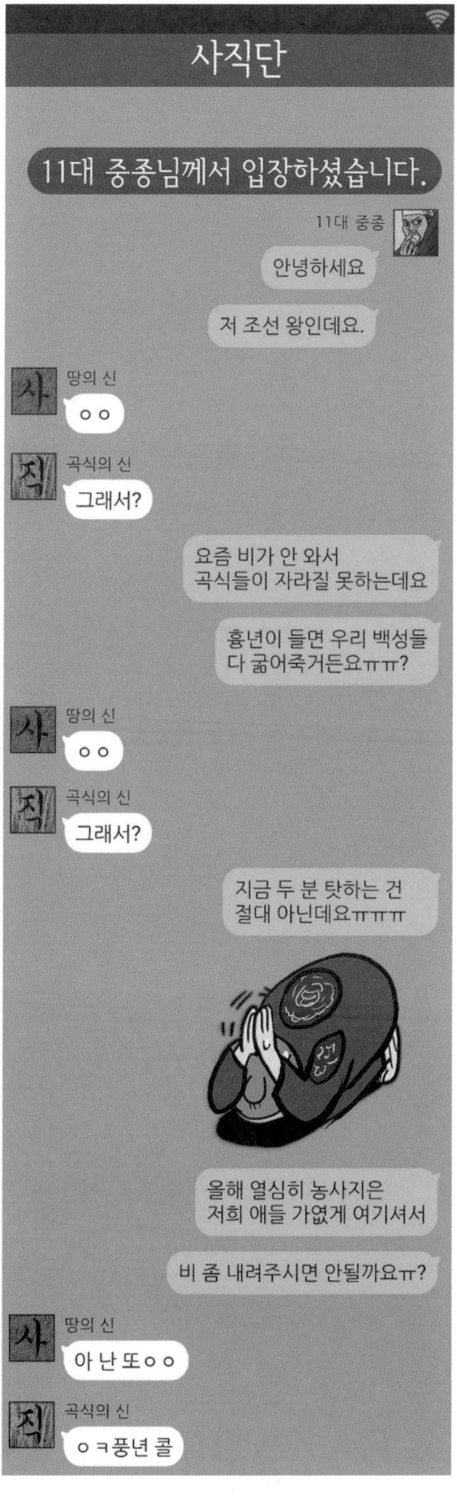
사직단
11대 중종님께서 입장하셨습니다.
11대 중종
안녕하세요
저 조선 왕인데요.
사
땅의 신
ㅇㅇ
직
곡식의 신
그래서?
요즘 비가 안 와서
곡식들이 자라질 못하는데요
흉년이 들면 우리 백성들
다 굶어죽거든요ㅠㅠ?
사
땅의 신
ㅇㅇ
직
곡식의 신
그래서?
지금 두 분 탓하는 건
절대 아닌데요ㅠㅠㅠ
올해 열심히 농사지은
저희 애들 가엾게 여기셔서
비 좀 내려주시면 안될까요ㅠ?
사
땅의 신
아 난 또ㅇㅇ
직
곡식의 신
ㅇㅋ풍년 콜

'사직(농경) = 국가와 백성'

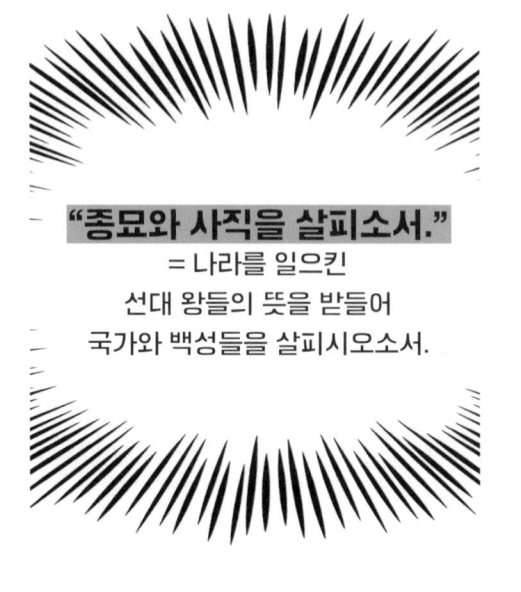

"종묘와 사직을 살피소서."
= 나라를 일으킨
선대 왕들의 뜻을 받들어
국가와 백성들을 살피시오소서.

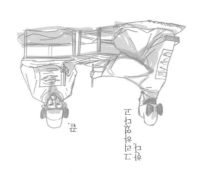

정사 正史

- 태조 이성계, 조선을 건국하고 한양으로 도읍을 옮긴 뒤 가장 먼저 경복궁과 종묘, 사직 세우다.
- 좌묘우사의 원칙 따라 궐 왼쪽에 종묘, 오른쪽에 사직 위치하다.
- 조선의 왕들, 나라에 대사가 있을 때마다 종묘에 제사 올리다. 역적을 잡았을 때도 무사하다는 신고를 올렸다.
- 조선의 왕들, 사직단에서 풍년을 기원하는 제사 올리다. 기우제, 기청제를 지낼 때는 왕이 수일에 걸쳐 제단 위에서 통곡하기도 했다.
- 연산군, 광해군의 위패는 종묘에 모셔지지 못했다.

기록에 없는 것 픽션

- 감자칩은 없었다.

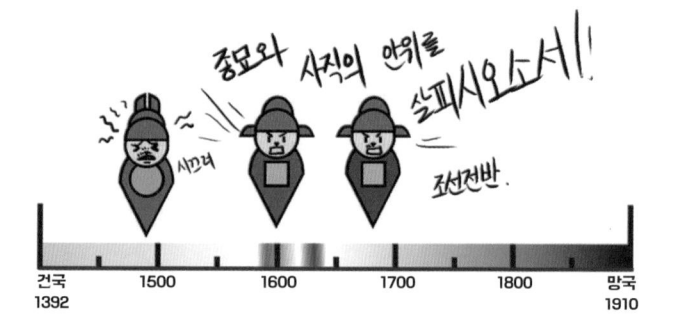

건국 1392 · 1500 · 1600 · 1700 · 1800 · 망국 1910

종묘에 모셔지는 사람들

서울 전철 종로3가 역에서 내려 조금만 걸어가면 조선의 임금들을 모시고 있는 사당, 종묘에 가볼 수 있다. 종묘는 왕의 무덤과는 달리 위패만을 모셔놓은 곳이다. 요즘 사람들 눈에는 그저 사람의 이름을 적어놓은 나무판 같은 위패이지만 조선시대에는 조상 그 자체로 떠받들어졌다. 그래서 왕실은 전쟁 때문에 피난을 갈 때도 이런 위패들을 일일이 챙겨 가곤 했다.

종묘에 위패가 모셔질 수 있는 것은 왕조를 이어받은 왕, 그리고 그들의 정실 왕비들뿐이었다. 원래는 왕이 아니었더라도 후대에 의해 왕으로 추존을 받으면 종묘에 들어올 수 있었다. 정조의 아버지인 사도세자(장조로 추존)가 대표적인 예이다. 반면 후궁은 임금의 큰 총애를 받았다거나 설령 다음 대 임금의 어머니가 되었다고 해도 종묘에 들어오지 못했다. 장희빈이나 숙빈 최씨가 그 예이다.

그런데 왕도 왕비도 아니면서 종묘에 모셔지는 사람들이 있었다. 배향공신들이다. 임금을 열심히 섬겼던 신하들의 위패를 종묘에 두는 것인데 당연히 아무나 뽑는 것이 아니라 가장 인연이 깊었던 임금과 함께 모셔 제사를 지냈다. OO왕의 배향공신, 이렇게 세트로 엮는 것이다. 배향공신으로 뽑히는 것은 말할 것도 없이 가문과 개인의 엄청난 영광이었다.

그런데 배향공신은 나랏일에 대한 공헌도나 노력만으로 결정되는 것이 아니라, 임금과의 인연이 각별해야 선정될 수 있었던 정치적인 자리였다. 그러다 보니 배향공신들 중에는 잘 알려진 유명한 사람도 있지만 '이 사람은 누구?', '이 사람이

왜 여기 있어?'라는 느낌이 드는 사람도 간혹 있다. 우선 태조의 배향공신으로는 이지란과 조준, 태종의 배향공신으로는 하륜과 조영무가 있으며 세종에게는 황희와 허조가 있다. 부정의 여지가 없는 조합이다. 좀 특이하게도 양녕대군과 효령대군도 함께 세종에게 배향되었다. 그리고 이수라는 사람도 있다. 그는 세종대왕이 충녕대군이던 시절 글을 가르쳤던 스승이다. 그럼 이 사람이 세종대왕을 키워낸 인물인가? 하면 꼭 그렇지는 않다. 사실 이수란 사람은 스승으로서 도움이 되기는커녕 틈만 나면 술을 퍼먹고 사건 사고를 끊임없이 저질렀으며 마지막에는 말에서 떨어져 비명횡사를 했다. 그래도 스승이라는 이유로 세종은 그를 정성스럽게 모셨고 마침내는 배향공신이 되어 오래도록 종묘의 제삿밥까지 받게 되었으니 조선시대 기준 로또에 당첨된 정도의 행운이라고 해야겠다.

이렇게 뜬금없는 공신이 있는가 하면, 반대로 있어야 할 것 같은데 없는 사람도 있다. 이를테면 임진왜란을 겪은 선조의 배향공신은 이준경과 이황, 이이이다. 이순신은 그렇다 치고 유성룡은 어디 갔을까 싶어진다. 이처럼 멋대로 정해지는 것이 바로 배향공신들이었다.

이런 예가 선조 때만 있는 것은 아니다. 정조의 배향공신으로는 역시 채제공, 정약용이 있지 않을까 생각이 들지만 실제 배향공신들은 김종수, 유언호, 김조순이다. 순조의 장인어른이자 세도정치의 스타트를 끊은 것으로 알려진 김조순은 그렇다 치고 김종수나 유언호는 오늘날 사람들에게 이름도 낯설다.

배향공신은 당시의 정치적 영향력에 따라 정해지는 것이었다. 그러다 보니 한번 배향공신이 되었더라도 이런저런 이유로 취소될 수도 있었다. 참 다행한 일이지 뭔가? 취소가 불가능했다면 조선의 멸망에 큰 기여를 했던 이완용이 배향공신으로 이름을 올린 채 남아 있었을 테니. 매년 5월 첫 번째 일요일이면 종묘에서는 전주이씨 종친회의 주최로 조선 왕조 임금들에게 제사를 지내는데, 이때 어가를 비롯한 행진이 벌어진다. 흔히 종묘가 유네스코의 유산으로 등록되었다곤 하지만 실은 종묘 '제례' 즉 제사 예식, 음악, 춤 등이 유네스코 인류무형문화유산인 것이니 한 번쯤 구경하러 가도 좋을 것이다.

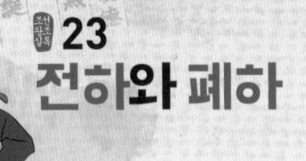

"여진을 정벌하여,
조선의 국토를 넓히자!"

주상 전하께서
천명하신 지 어언 20년.

오늘, 드디어
그 꿈이 이루어진다.

여진을 치려면 무엇보다
명나라의 협조가 필요하다.

내 평생을 바쳐 얻어낸
명나라 황제의 신뢰.

好好^-^

저녁도 먹었고~
드라마나 볼까요?

대인 로코
좋아하시죠ㅎ?

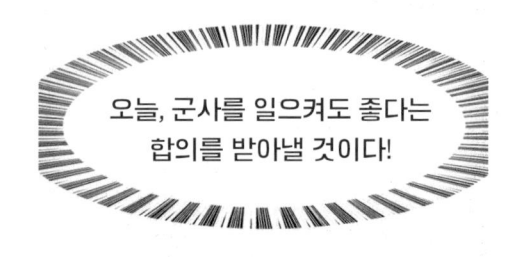

오늘, 군사를 일으켜도 좋다는
합의를 받아낼 것이다!

이게 요즘 떴다 하면 실검1위예요ㅋㅋ

^-^乃

- 폐하, 윤허하여 주시옵소서!

- 짐이 모두 책임질테니, 즉시 시행하라!

아, 안 돼…!

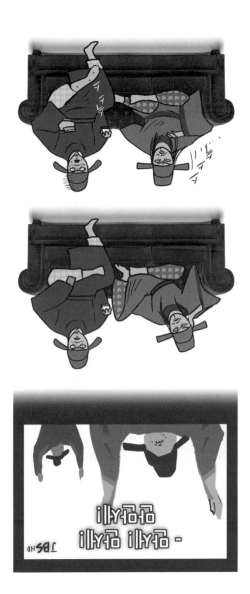

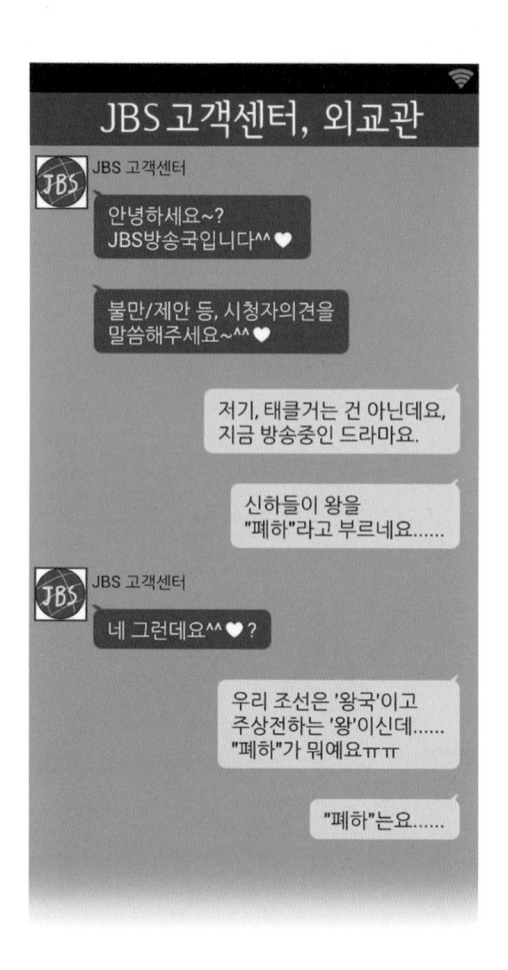

방송국 재밌으면 됐지ㅎ

외교관 으아아아

JBS 고객센터, 외교관

JBS 고객센터

안녕하세요~?
JBS방송국입니다^^ ♥

불만/제안 등, 시청자의견을
말씀해주세요~^^ ♥

저기, 태클거는 건 아닌데요,
지금 방송중인 드라마요.

신하들이 왕을
"폐하"라고 부르네요......

JBS 고객센터

네 그런데요^^ ♥ ?

우리 조선은 '왕국'이고
주상전하는 '왕'이신데......
"폐하"가 뭐예요ㅠㅠ

"폐하"는요......

황제한테만 쓰는 말이에요ㅠㅠ

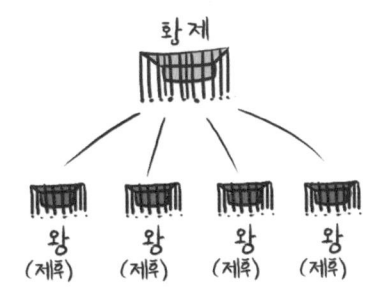

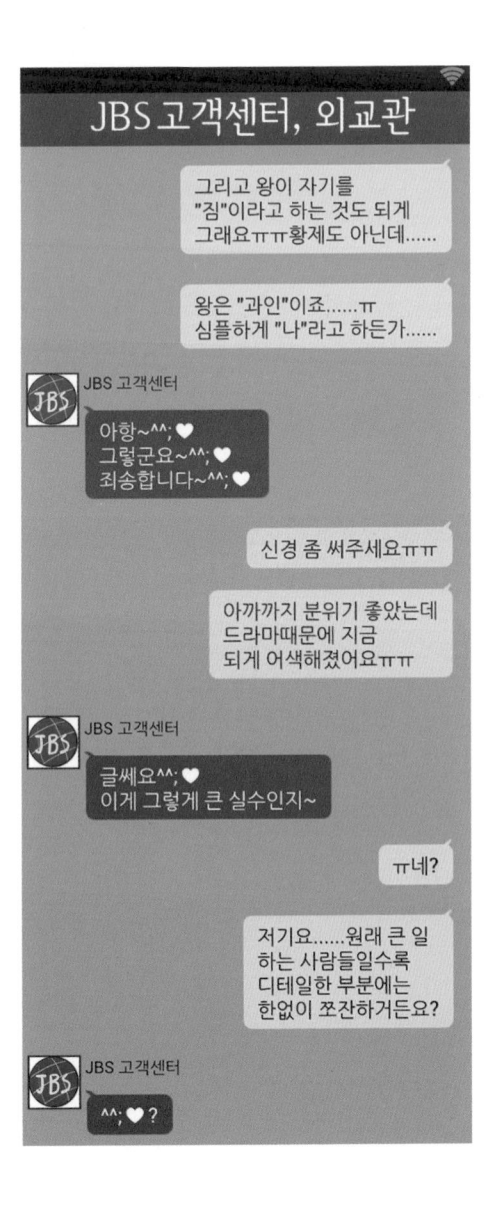

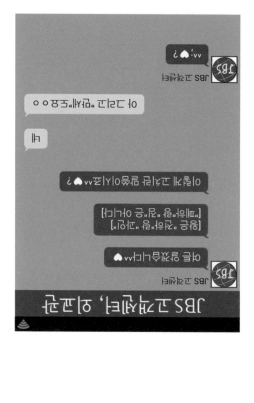

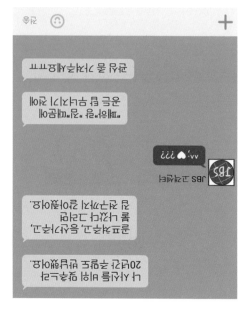

채팅 어플을 활용한 이벤트

이벤트 진행

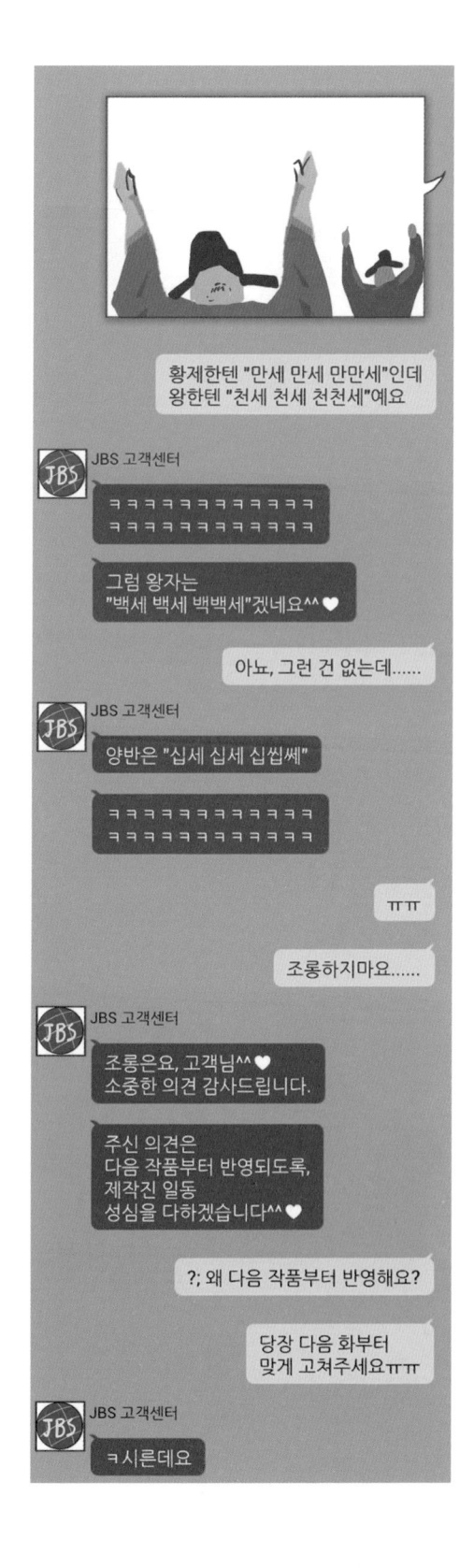

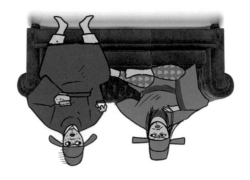

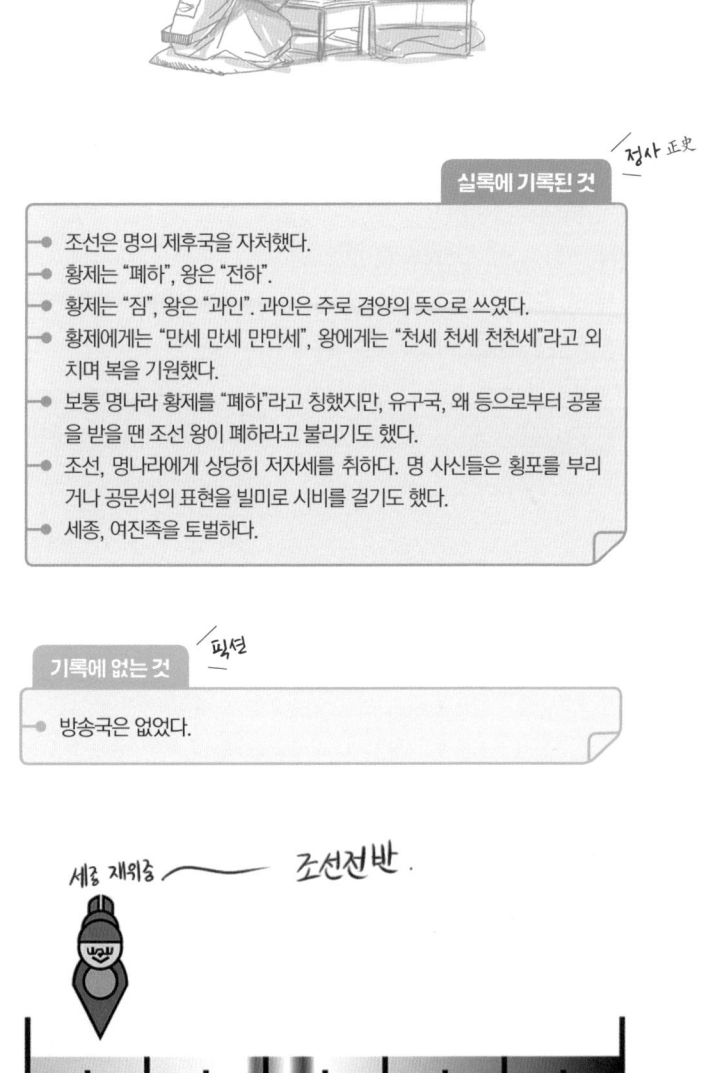

그리하였다고 한다.

끝.

정사 正史

실록에 기록된 것

- 조선은 명의 제후국을 자처했다.
- 황제는 "폐하", 왕은 "전하".
- 황제는 "짐", 왕은 "과인". 과인은 주로 겸양의 뜻으로 쓰였다.
- 황제에게는 "만세 만세 만만세", 왕에게는 "천세 천세 천천세"라고 외치며 복을 기원했다.
- 보통 명나라 황제를 "폐하"라고 칭했지만, 유구국, 왜 등으로부터 공물을 받을 땐 조선 왕이 폐하라고 불리기도 했다.
- 조선, 명나라에게 상당히 저자세를 취하다. 명 사신들은 횡포를 부리거나 공문서의 표현을 빌미로 시비를 걸기도 했다.
- 세종, 여진족을 토벌하다.

픽션

기록에 없는 것

- 방송국은 없었다.

세종 재위중 ── 조선전반.

건국 1392 1500 1600 1700 1800 망국 1910

- 스물세 번째 이야기 -
왕과 황제

왕과 황제의 차이는 무엇일까? 이것을 이야기하려면 먼저 아주 오래전 중국 주나라 시대로 돌아가야 한다. 주나라의 임금은 천자, 곧 하늘의 아들을 자칭했다. 그래서 왕王이었다. 이 세상에는 오직 하나뿐인 왕이 있었고 그 아래로는 제후들이 있었다. 이들은 왕의 형제, 친척, 지방의 세력가들이었다.

주나라 왕은 이런 제후들에게 영지와 함께 작爵을 내렸다. 공후백자남. 곧 공작, 후작, 백작, 자작, 남작이었다. 작위는 공작이 가장 높고 그 아래로 점점 낮아졌다. 작위가 높을수록 임금과 가까운 동네에 있는 영지를 하사받았고 작위가 낮을수록 먼 곳에 있는 영지를 배정받았다. 그런데 시간이 지나면서 제후들은 작위의 높낮이와 상관없이 자신의 세력을 키워, 경우에 따라 왕을 능가하는 힘을 가질 수 있게 되었다.

대표적인 예가 초나라였다. 초나라는 주나라의 제후국으로 작위는 끝에서 두 번째인 자작이었다. 그러나 영지가 비옥하고 국토가 넓어 부쩍부쩍 발전했다. 초나라의 힘이 세질 즈음 주나라는 망하다시피 해 주나라 왕은 이름만 왕인 허수아비 신세가 되었다. 그러자 초나라를 다스리던 제후는 배짱 좋게 '왕'을 선언하니 그가 장왕이었다. 만약 주나라가 예전만큼 강했더라면 당연히 군사를 몰고 가서 초나라를 혼내주었겠지만 이미 주나라에게는 그럴 힘이 없었고 오히려 초나라의 눈치를 보는 신세로 전락했다. 이걸 시작으로 다른 제후들도 야금야금 자신을 왕으로 칭하기 시작했고, 전국시대에 들어가면 너도 나도 왕이 되어 왕이 굉장히 많아졌다.

"이렇게는 안 된다! 뭔가 특별한 칭호가 필요하다!"고 들고 일어난 사람이 진시황이다. 그는 중국 역사의 전설적 지도자들인 삼황오제三皇五帝에서 한 글자씩을 따온 황제皇帝라는 명칭을 발명해낸다. 뜻을 풀이하자면 왕 중의 왕, 킹 오브 킹일까. 아무튼 진시황이 황제라는 새로운 타이틀을 만들어 쓰면서 가치가 떨어진 왕이라는 호칭은 제후들이나 왕족들이 쓰게 되었다. 그러면서 중국 바깥의 세계에까지 이 명칭 문제가 퍼지게 된다.

신라의 예를 들어보자. 신라는 '임금'에 해당하는 사람을 처음 박혁거세의 거서간居西干에서부터, 차차웅次次雄, 이사금尼師今, 마립간麻立干 등 다양한 명칭으로 불렀다. 그 뜻은 공통적으로 남보다 귀하고 높은 사람을 일컫는 것이었다. 그러다 22대 임금인 지증왕이 비로소 왕을 칭했고 삼한, 고려까지 왕이란 명칭이 가장 높은 사람을 뜻하는 것이 되었다. 그러나 중국의 황제를 중심으로 하는 질서 안에 완전히 들어간 것은 아니었기 때문에 디테일에서 차이가 나타나고는 했다. 대표적인 것이 태자. 보통 황제의 후계자를 태자라고 하고, 왕의 후계자는 세자라고 했지만 신라의 마의태자를 비롯하여 고려 때까지도 태자란 명칭을 곧잘 썼다. 완전히 제후국의 칭호로 정리된 것은 고려가 원나라의 부마국이 되면서부터였고, 조선이 들어서고 성리학의 기치를 세우게 되면서 모든 칭호들을 제후국, 그리고 왕의 위치로 맞추게 된다.

조선은 굉장히 모범적으로 제후국으로서의 칭호를 사용한 나라였지만 그렇지 않은 나라들도 많았다. 대표적인 예가 일본이다. 일본의 지도자는 천황天皇, 뜻을 풀이하자면 하늘의 황제라는 명칭을 썼다. 일본은 이 명칭을 쓰며 수나라의 황제에게 "너나 나나 황제니까 동급"이라는 패기로운 말도 날린다. 그러고도 무사했던 것은 중국과 일본이 너무 멀기도 했고, 중국이 일본의 행동을 '야만인들의 꼴값' 정도로 본 까닭이 가장 컸다. 비슷한 이유로 중국에서 멀리 떨어진 베트남 역시 지도자를 황제라고 불렀다. 이렇게 보면 당시로서는 일본과 베트남이 참 용감해 보이지만, 사실 이런 명칭이란 어디까지나 이름일 뿐 실제로 큰 효력은 없었다. 누구나 자신의 방에 자신의 왕국을 세우고 왕을 자칭할 수는 있지만 그런다고 왕으로서의 권력과 영토와 덕성이 생기지는 않는 것처럼, 황제를 자칭한다고 해도 실제로는 왕보다 못한 신세인 경우가 상당히 많았기 때문이다. 그리고 중국의 황제 역시 영원하지는 않았으니 1911년 신해혁명이 일어나고 청나라의 선통제 부의가 퇴위하면서 황제라는 명칭은 역사의 뒤안길로 사라지게 된다. 조선왕조실록

24 '한 푼'은 얼마?

언제나, 거지들은 말한다.

한 푼 줍쇼

대체 얼마를 달란 걸까?

하나요 1 푼

'종이 한 장 값'
[엽전 한 닢]

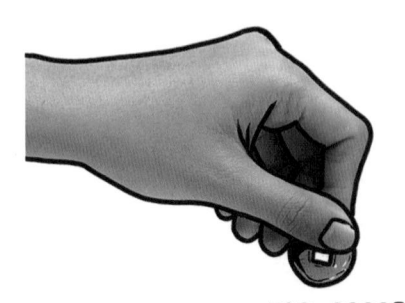

500~1000원
(상평통보, 영 · 정조대 기준)

조선왕조실톡

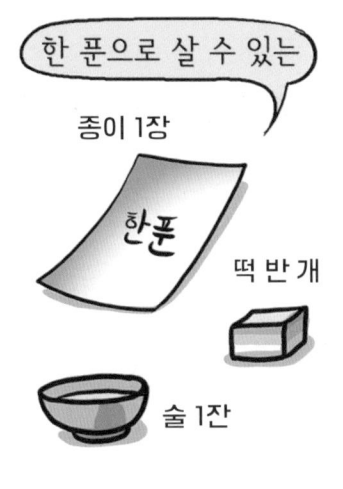

한 푼으로 살 수 있는

종이 1장

떡 반 개

술 1잔

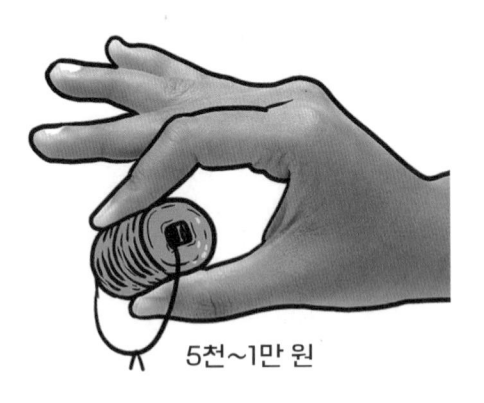

둘이요 10푼

'짚신 두 켤레 값'
(엽전 10닢, 1전)

5천~1만 원

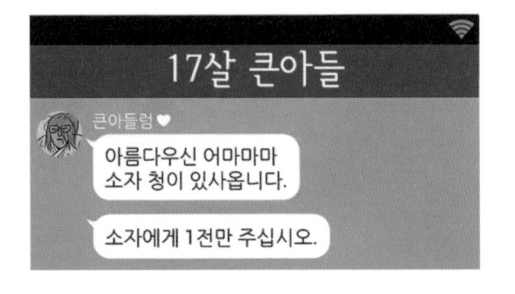

17살 큰아들

큰아들림 ♥

아름다우신 어마마마
소자 청이 있사옵니다.

소자에게 1전만 주십시오.

이게 17살이나 먹어놓고......
야 너 장가갈 나이야!

7살 막내보다 유치해 너???

큰아들럼 ♥

나 나익기 사주세요

아님 아대다수

누발란수 사줘어어ㅠㅠ!

과거시험 붙어줘

청요직 올라줘

정1품 돼줘

+   ☺ 전송

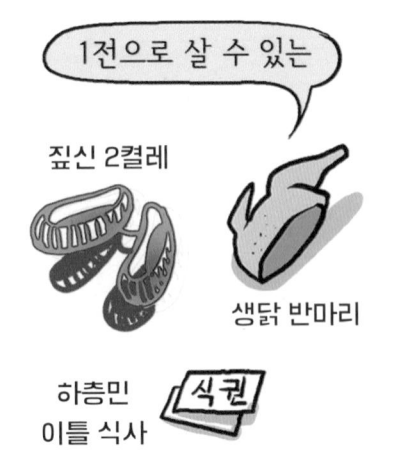

1전으로 살 수 있는

짚신 2켤레

생닭 반마리

하층민
이틀 식사   식권

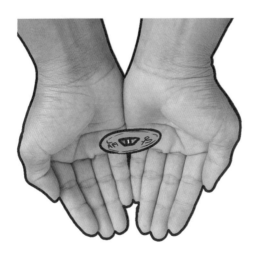

'제몫만큼'
(1편)

남편

그래서 말인데 마눌님

나 1냥만

ㅋㅋㅋㅋㅋㅋㅋㅋㅋㅋ

또 친구들이 술먹재요?

남편

아니, 실은 책 한 권
사고 싶어서 말이오.

우리 살림에 비싼건 알지만
군자가 책을 벗삼아야지...^^

후웅~^^

근데용 여보

당신 돈 많던데?

남편

음?

짠~ 청소하다
당신 비자금 발견 ㅋㅋㅋㅋ

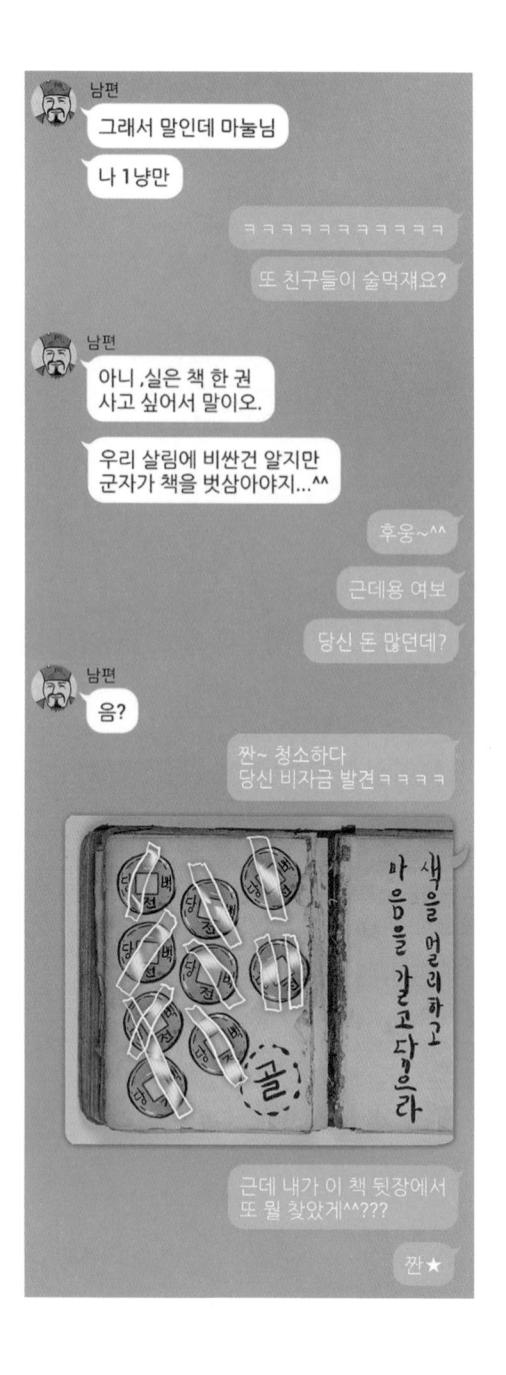

근데 내가 이 책 뒷장에서
또 뭘 찾았게^^???

짠★

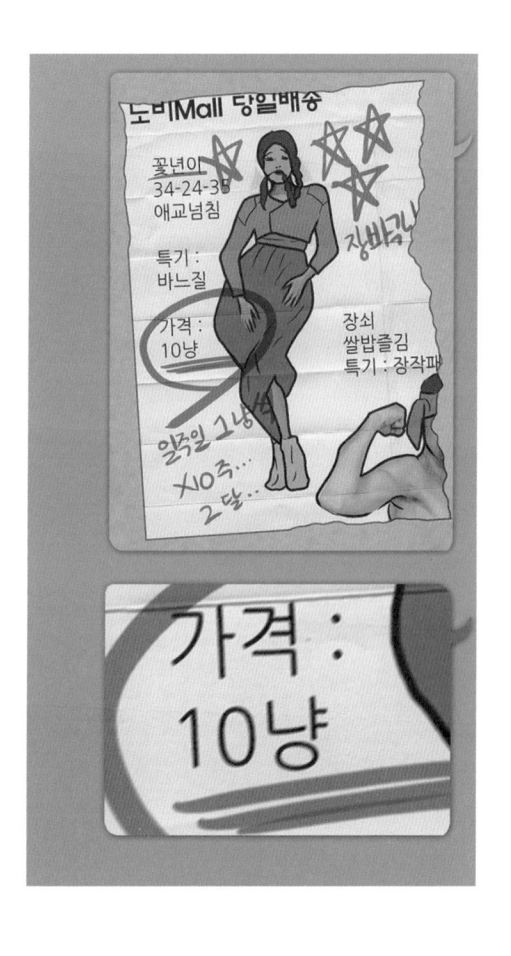

10냥으로 살 수 있는
'노비 한 명'

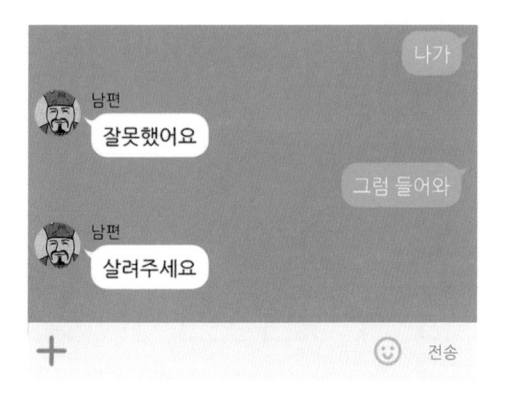

정사 正史

실록에 기록된 것

- 숙종, 상평통보를 대량 만들어 널리 쓰게 하다.
- 조선 후기, 노비 가격 5~10냥까지 떨어지다.
- 위의 물가들은 18세기 양반 황윤석의 『이재난고』의 기록 기준.
- 당백전은 하나에 100푼(1냥)짜리 화폐였지만, 인플레이션으로 가치가 5푼 어치밖에 안 되었다고.

기록에 없는 것 / 픽션

- 노비 홈쇼핑은 없었다.

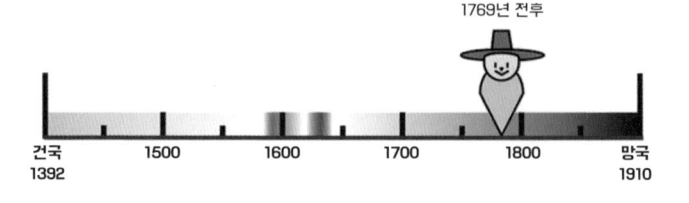

조선을 대표하는 상평통보

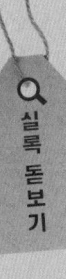

지금은 돈이 없는 세상, 돈이 없던 시대를 상상하기 어렵다. 잘 생각해보면 돈이란 그저 특별한 무늬가 찍힌 종이이거나 쇳조각일 뿐이다. 옛날 유럽에서 쓰던 금화와 은화는 재료가 귀했기 때문에 화폐 자체도 가치를 가졌다. 재질이 귀금속이므로 여차하면 녹여 쓸 수도 있었다. 요즘은 한풀 꺾이긴 했지만 구리도 아주 귀중한 금속이었기에 동화도 만들어졌다. 하지만 귀금속은 수량이 많지 않고 귀해서 귀금속이다. 재료가 한정되어 있는 만큼 화폐를 많이 만들어낼 수가 없었다.

하지만 평범한 종잇조각에 나라와 사회가 화폐적 가치를 부여하고 보장해준다면? 그럼 설령 금이나 은으로 만든 것이 아니더라도 돈을 믿고 쓸 수 있을 것이다. 이것을 공신력公信力이라고 하는데, 실물은 종이나 쇳덩이에 불과한 것이 가치를 가진다고 인정하는 것이다. 따라서 나라가 없어지면 그 화폐도 가치를 잃고 휴지 조각이 되어버린다.

이렇게 말하고 나니 돈이 아무것도 아닌 것처럼 느껴진다. 그럼 왜 이렇게 위태로운 화폐를 쓰느냐? 그야 당연히 편리하기 때문이다. 이제는 그 종이돈을 들고 다니는 것조차 귀찮아서 카드를 들고 다니는 세상이다. 만일 화폐가 없는 실물경제의 세상이었다고 생각해보자. 버스나 지하철을 탈 때마다 운임으로 쌀을 한 됫박씩 들고 다녀야 할 것이다. 대학교 등록금은? 매 학기 등록 때마다 소를 열 마리쯤 끌고 가야 할 것이다. 화폐가 있고 공신력이 있기에 우리는 학교에서 소들이 풀을 뜯고 있는 광경을 보지 않을 수 있다. 뭐 이것도 나름 재미는 있겠지만.

처음에 화폐의 정착은 쉽지 않았다. 조선시대와 그 앞 시대까지 포함해서 우리나라는 이상할 정도로 화폐의 사용을 좋아하지 않았다. 나라의 경제 규모가 작기도 하거니와 상업을 천하게 여긴 까닭도 있었을 것이다. 고려시대에는 그나마 중국인들과 무역을 했던 덕분에 중국의 화폐가 조금이나마 통용되었지만 문제는 우리나라 고유의 화폐 제도가 없다는 것이었다. 고려 때는 은병이 화폐 대신 사용되기도 했었고, 조선시대 태종 때는 일종의 지폐인 저화楮貨가 만들어졌고, 세종 때는 조선통보朝鮮通寶가 만들어졌다. 하지만 모두 오래가지 않고 폐기되었다. 불굴의 세종마저도 실패할 정도로 조선시대의 경제 규모가 몹시 소박했다는 뜻이다.

그러다 다시 "화폐가 필요하다!"란 움직임이 일어난 것은 임진왜란 시기였다. 전쟁 때문에 난장판이 되었다 해도 사람은 일단 살고 봐야 했기 때문에 조선 사람들은 명나라, 일본 군대와 필요한 물건을 주고받거나 서로 사고팔게 된다. 그러다 보니 당연히 상업이 발달하고 화폐의 개념도 생겨났다. 무엇보다 일단 제대로 한번 써보니까 화폐가 굉장히 편리했던 것이다. 이는 청나라가 들어서면서 더욱 중요해진다. 정묘호란 때의 조건 중 하나가 조선과 청나라 사이의 시장을 열라는 것이었던 만큼 상업은 국가의 중요한 사업으로 떠오르게 되었고, 당연히 조선 내부에서도 이런 움직임이 활발해졌다.

그래서 드디어 등장하는 것이 상평통보常平通寶. 조선시대 엽전의 대명사이자 가장 유명한 화폐, 고물상에도 발에 차일 정도로 흔한 조선시대 화폐이다. 처음 만들어진 것은 인조 대였지만 아직 조선의 경제가 그리 발달하지 않아 유통이 중지되었다. 1678년(숙종 4) 다시 만들어지고, 서울을 중심으로 사용되다가 차츰 전국에서 쓰이게 되었으니 한반도 역사상 처음으로 제대로 빛을 본 화폐였다. 상평통보는 그렇게 200년 정도 잘 활용되었고, 이후 흥선대원군 시기 경복궁 재건에 필요한 급전을 마련하기 위해 발행했던 당백전當百錢이 탄생하기 전까지 건재해 조선 시대 대표 화폐로 자리매김했다. 혹시라도 조선 숙종 이전을 무대로 한 사극에서 화폐가 등장한다면 "뻥!"이라고 생각해도 좋다. 조선왕조실록

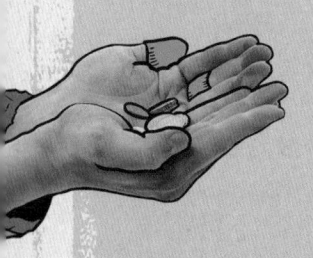

저는 사형수의 딸이에요.

조금 전에 전화가 왔어요.
우리 아빠가 사약을 드셨대요.

어쩜 그럴 수가 있죠?
아빤 누명을 쓴 것뿐인데!

(사약 먹는 상상도)

커억

크허억

나는 눈물을 뚝뚝 흘리며……
핸드폰을 집어들었어요.

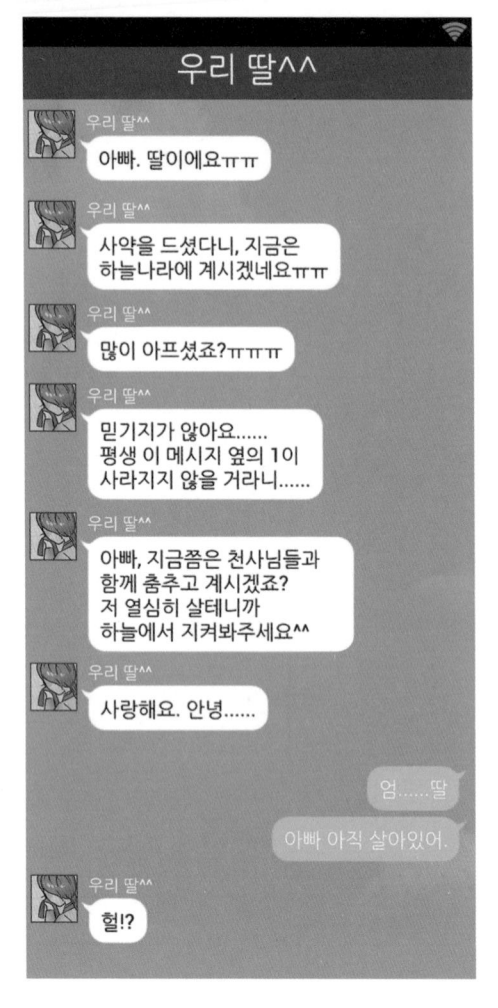

우리 딸^^

우리 딸^^
아빠. 딸이에요ㅠㅠ

우리 딸^^
사약을 드셨다니, 지금은
하늘나라에 계시겠네요ㅠㅠ

우리 딸^^
많이 아프셨죠?ㅠㅠㅠ

우리 딸^^
믿기지가 않아요......
평생 이 메시지 옆의 1이
사라지지 않을 거라니......

우리 딸^^
아빠, 지금쯤은 천사님들과
함께 춤추고 계시겠죠?
저 열심히 살테니까
하늘에서 지켜봐주세요^^

우리 딸^^
사랑해요. 안녕......

엄......딸

아빠 아직 살아있어.

우리 딸^^
헐!?

하나요
사약은 死약이 아니다

사약
賜藥

임금님께서 하사하신 약.

한의학전문가
허 모 의원

Q.사약 먹고 안 죽는 경우가 있다고요?
많지. 많아요.

사약에 넣는 독이 비상, 부자 이런 거거든?
근데 저것들 약으로도 쓰는거라고.

체질따라 몸에 맞는 사람도 있단 말이지.

그런 사람은 사약 마셔봤자......
보약 한 첩 먹은거지 뭐ㅋ

그날 종일
아빠가 마신 사약은
자그마치 열여섯 그릇이나 됐어요.

와우.

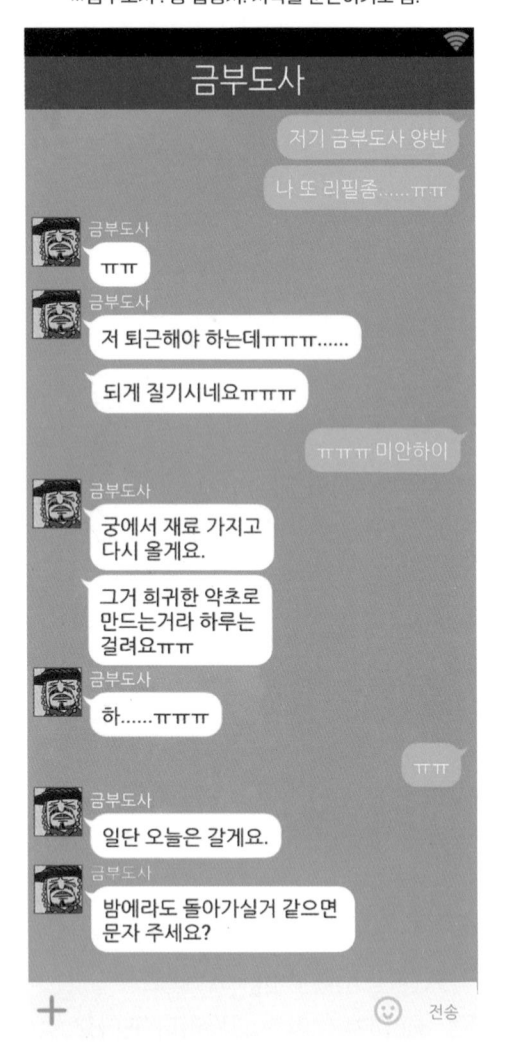

셋이요 샷추가

결국 아빠의 목숨 대신
사약 재료가 먼저 끝장났죠.

※금부도사 : 형 집행자. 사약을 운반하기도 함.

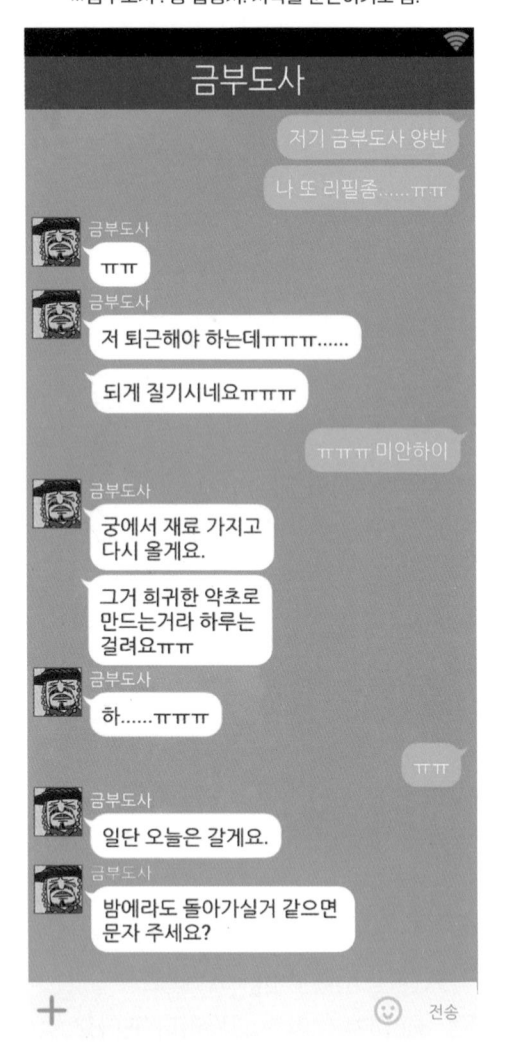

너무나 소중한 하루였어요.
우리 부녀는 눈물바람으로 밤을 지새웠죠.

그런데,
다음 날 아빠에게 걸려온

한 통의 전화!

"영감! 석방이외다!"

"간밤에 진짜 범인을 추포했소!"

"이제 사셨소!"

그리고는
행복하게
살았답니다.

모두
사약 체질(?)
덕분이었대요.

끝.

정사 正史

실록에 기록된 것

- 사약은 그다지 확실한 사형 방법이 아니었다.
- 연산군 대 윤필상, 독을 탄 술을 두 잔이나 먹고도 효과가 없어 목매어 죽다.
- 조광조, 사약을 거듭 먹었으나 죽지 않다.

야사 野史

카더라 기록

- 사약 체질의 최고봉은 명종 대의 임형수. 야사에 따르면 자그마치 16잔(!)이나 마셨다고. 심지어 노비가 안주(!)를 가져오기도 했단다.
- 독 기운 빨리 오르라고, 죄인을 온돌방에 두기도 했단다.

깨알상식

- 사약을 먹고도 죽지 않을 경우, 교수형으로 죽였다. 그러니 저런 극적인 일은 없거나 매우 드물었을 듯.

- 스물다섯 번째 이야기 -

죽을 때까지 유쾌했던 임형수

사약은 죽을 사死자에 약 약藥의 조합으로 '먹으면 죽는 약'이라는 뜻일 것 같지만 사실은 줄 사賜를 쓴다. 비록 먹고 죽는 약이라 해도 임금이 내리는 나름의 은혜였기 때문이다. 목을 날리는 참수나 몸을 찢는 거열 등에 비하면 약 한 사발 마시고 몸 성히 죽는 것은 상대적으로 은혜이기는 했다.

사약의 약효가 복불복이라는 것이 문제였다. 사약의 구체적인 성분 및 제조 방법은 알려지지 않아 지금까지 수수께끼로 남아 있지만, 이 약의 효과는 그리 신통하지 않았던 것 같다. 사약을 받은 사람들이 절명한 기록들은 백이면 백, "의연하게 약을 마시고 절명했다"라고 아주 좋게 남아 있으며 죽음의 처절한 순간을 자세하게 묘사하지는 않았다. 그러나 여러 야담을 참고하면 사약이 꼭 잘 듣는 것은 아니었으며, 죽기까지 시간이 오래 걸리기도 했고 사약을 받은 날과 죽은 날짜가 사나흘 넘게 차이가 나는 경우도 있었다. 이 말인즉 사약을 먹어도 정작 죽기까지 오랫동안 괴로워할 수도 있거나 아니면 아예 안 죽을 수도 있었다는 것이다. 이게 얼마나 곤란한 일인지 생각해보라. 이제 죽는구나 생각하고 북쪽을 향해 (원수 같은) 임금을 향해 절한 뒤 비장하게 사약을 들이켰는데 죽지 않다니. 약을 마신 사람도 김이 샐 뿐더러 금부도사의 입장도 몹시 곤란해진다. 그래서 사약이 듣지 않는 체질의 죄인은 목을 졸라 처형하는 교형을 대신 치르기도 했다.

사약을 먹고도 죽지 않아 사람들을 당황하게 만든 역사적인 인물들은 꽤 여럿이 있는데, 그중 한 사람이 명종 대의 임형수이다. 그는 본디 배짱이 넘치고 의리가 있으며 위트가 있는 사람이었다. 젊을 때부터 많은 일화가 있었는데, 제주목사가 되어 배를 타고 가다가 풍랑이 일어 위험해지자 같이 탄 사람들은 불경을 외우거나 신령을 부르며 기도했는데, 임형수만은 "이중탕(소화제)! 이중탕!"을 외쳐댔다고 한다. 왜냐하면 '배'가 위험하니까. 이렇게 목숨이 간당간당한 와중에도 드립을 칠 수 있는 대범한 사람이었기에 명종 시절, 서슬 퍼런 권신 윤원형에게 대놓고 반항할 수 있었으리라. 그러다 결국 권력의 미움을 받게 되고, 대비였던 문정왕후가 여왕 노릇을 한다고 비난한 대자보가 나붙은 양재역 벽서 사건에 휘말려 사약까지 받게 된다. 억울한 누명이었다. 임형수라면 남들 눈을 피해 벽서를 붙이지 않고 직접 임금과 문정왕후 앞에서 대놓고 하고 싶은 말을 했을 것이다.

아무튼 그래서 파직되어 집에 있던 임형수는 임금이 보낸 사약을 받게 된다. 대범했던 사람답게 죽음 앞에서도 태연하게 부모님에게 인사하고, 아들에게는 "과거에 응시하지 마라. 무과는 할 만하면 하고 문과는 절대 하지 마라"며 사약을 받았다. 자신을 흘끔흘끔 바라보는 의금부 서리에게 씩 웃으며 "너도 한 잔 마실래?"라며 농담을 할 만큼 여유도 넘쳤다. 집 안에서 홀로 마시는 게 어떻겠냐 하는 제안도 거절했다. 음침한 곳이 아니라 천지의 모든 것이 환히 보이는 앞에서 죽겠다며 마당에서 사약을 받았다.

『조선왕조실록』에는 "임형수가 약을 마시고 죽었다"라고만 심플하게 기록되어 있지만 『유분록』에 따르면 그는 무려 사약을 16그릇이나 먹고도 안 죽었다고 한다. 금부도사는 매우 곤란해졌다. 아무리 먹어도 효험이 없으니 결국엔 하인이 안주까지 가져왔다나. 결국 줄로 목을 졸라 죽이기로 했다. 임형수는 방에 들어가서 목에 줄을 매고, 금부도사와 포졸들이 방 바깥에서 줄을 당기는 식이었다. 그 와중에도 임형수는 자신의 목이 아닌 목침에 줄을 매어두는 장난을 쳤고, 두 번째에야 마침내 죽었다는 야사가 전한다. 이 이야기가 얼마만큼 사실인지 알 수 없으나 그럴 만한 사람이니까 그런 야사가 전하는 것이겠다.

결국 윤원형이 쫄딱 망한 뒤 임형수는 다시 복권이 되었지만 그래도 죽은 사람은 돌아오지 않는 법. 의외로 그와 젊은 시절부터 친하게 지냈던 퇴계 이황은 임형수가 죽은 뒤 젊었던 때의 추억을 그리며 몹시 슬퍼했다고 한다.

26 마드리드, '영광'을 맛본 도시?

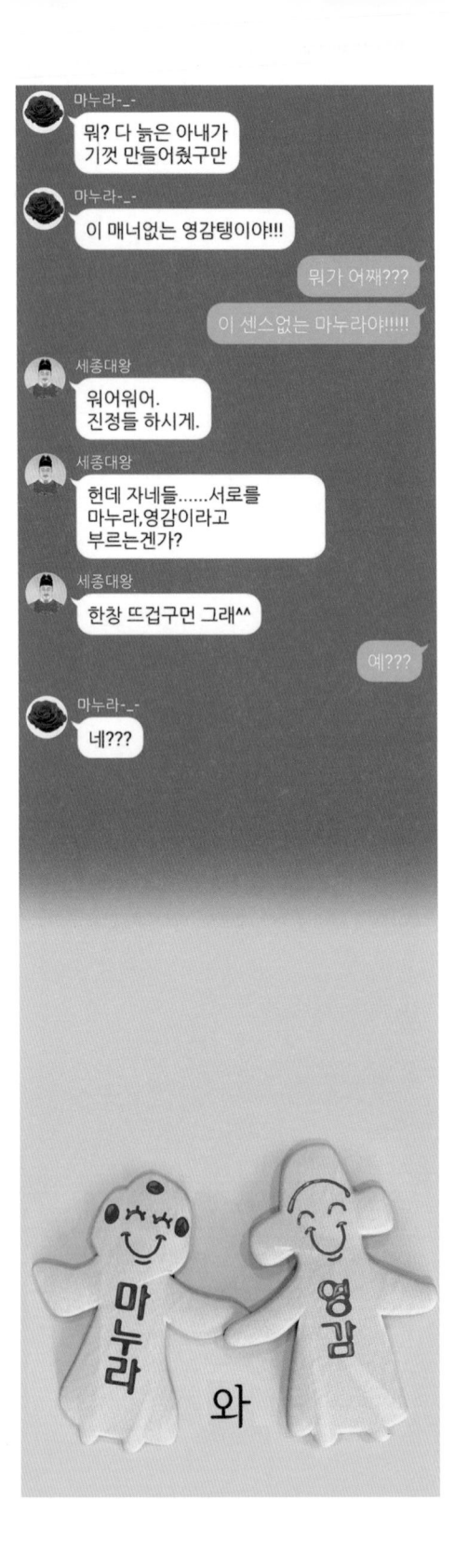

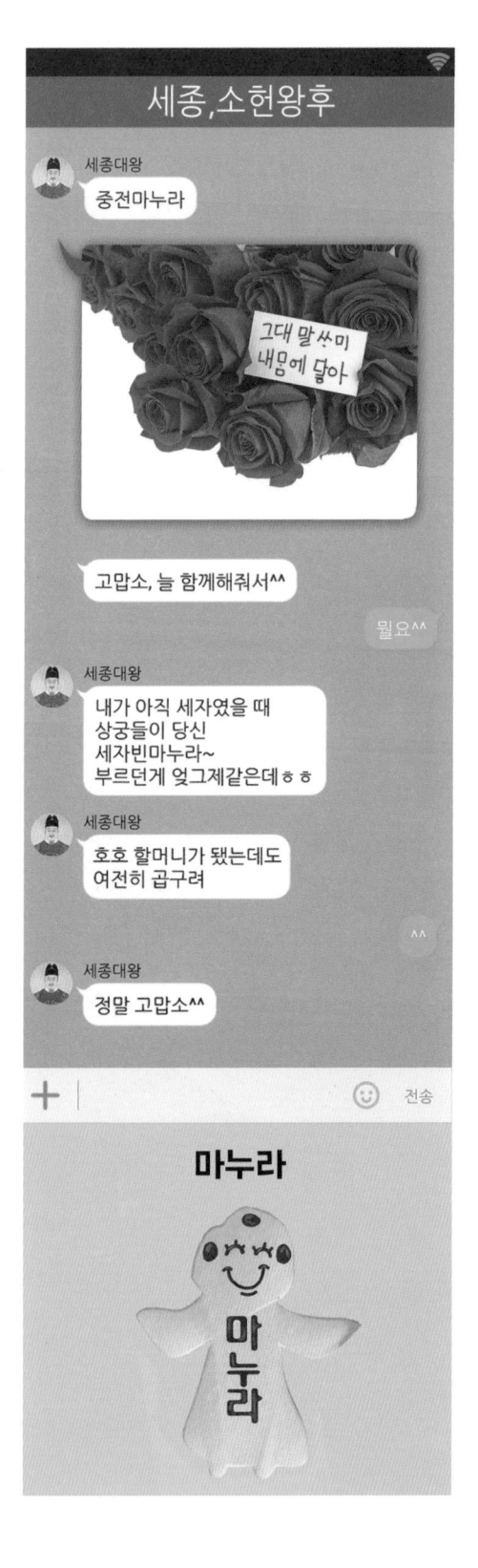

세종,소헌왕후

세종대왕
중전마누라

그대 말쓰미 내몸에 닿아

고맙소, 늘 함께해줘서^^

뭘요^^

세종대왕
내가 아직 세자였을 때
상궁들이 당신
세자빈마누라~
부르던게 엊그제같은데ㅎㅎ

세종대왕
호호 할머니가 됐는데도
여전히 곱구려

^^

세종대왕
정말 고맙소^^

전송

마누라

마누라

대비, 왕비, 세자빈 등
고귀한 사람을
가리키는 말.

토속신앙에서는 신을
'마노라'라고 부르기도 한다.

#아내는_여신님

중요한 회담에 참가 중인
조선의 고위관료 A씨.

둘이요 영감?

흠칫

하급관료
잘했군잘했군 잘했~어
오후 9:55

너 나가
오후 9:56

'영감'

(종2품~정3품의)
고위관직자를
높여 부르는 말.

요즘으로 치면 차관급.

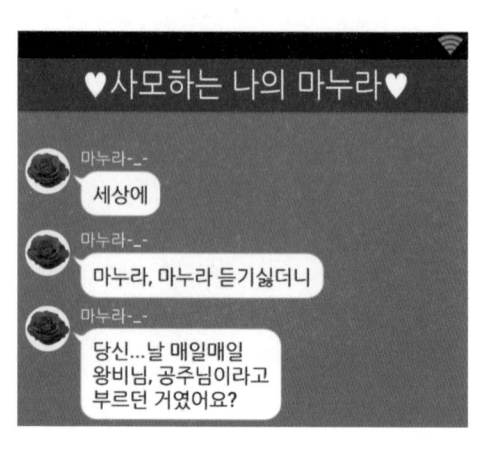

♥사모하는 나의 마누라♥

마누라-_-
세상에

마누라-_-
마누라, 마누라 듣기싫더니

마누라-_-
당신... 날 매일매일
왕비님, 공주님이라고
부르던 거였어요?

해피 밸런타인   땡큐.

정사 正史

실록에 기록된 것

- 『삼강행실도』 – 마노라 : 낮은 사람이 높은 사람을 부를 때의 호칭.
  ex. 노비가 주인에게 "대감마님은 돌쇠의 마노라"
- 『계축일기』 – 마노라 : 대비, 선왕 등 왕실 웃어른 부를 때의 호칭.
  ex. 대비마노라
- 『일성록』 – 말루하抹樓下 : 남녀 구분 없이 웃어른 부를 때의 호칭.
  ex. 왕세손 말루하
- 『한중록』 – 마노라 : 궁중 높은 인물 가리키는 말.
  ex. 대비마노라, 선왕마노라, 세자빈마노라, 웃전마노라
- 19세기부터 지금과 같은 뉘앙스로 "마누라" 사용했다고.

깨알 상식

- 대감(정2품 이상)이 영감보다 높다.
- 마누라(주로 무품)가 영감(종2, 정3)보다 급이 높다. 마누라랑 맞먹으려면 상감 정도는 되어야 한다.

- 스물여섯 번째 이야기 -

형님이라 불러봅시다

우리나라 사람들은 처음 보는 관계에서도 거리낌 없이 나이를 묻고, 그 나이를 토대로 보이지 않는 서열을 세우고는 한다. 그런 사회 분위기에 대한 반감 때문인지 "조선시대 때만 해도 나이와 상관없이 친구 먹었다!"라는 주장이 곧잘 나온다. 나이가 많고 적고와 관계없이 친구처럼 친하게 지냈다 하더라도 조선시대에도 호칭 구분은 칼 같았다. 지금까지 쓰이는 손윗사람을 일컫는 호칭으로 '형님'이 있다.

이순신과 유성룡은 어린 시절 같은 동네에서 자랐다. 유성룡은 이순신의 형과 동갑이었으며 이순신보다는 세 살이 많았다. 어렸을 적 순신은 성룡과 함께 지금의 을지로 3가 언저리를 뛰어다니며 "형아!"라고 그를 불렀을지도 모른다. 이순신은 『난중일기』에서 자주 유성룡을 언급하고 있는데 여기서 유성룡을 꼬박꼬박 태슴, 즉 대감이라고 높여 부르고 있다.

늘 상관과 싸우고 한직을 돌아다니던 이순신을 전라좌수영 자리에 꽂아준 것이 바로 유성룡이었다. 그런 고마움 때문인지, 한때는 동네 형아였던 유성룡을 이순신은 상당히 존경하고 어려워했던 것 같다. 그렇지 않고서야 남에게 보일 일 없는 일기장에도 꼬박꼬박 대감이라고 적었을까. 유성룡이 이순신에게 보낸 편지를 보면 유성룡은 이순신을 그의 자인 여해汝諧라고 부르고 있으니, 유성룡 역시 이순신에게 깍듯하고 조심스럽게 편지를 썼다.

그 유명한 오성 이항복과 한음 이덕형의 관계는 어떨까? 둘은 '오성과 한음'이라는 개구쟁이 악동 이야기로 유명하지만 사실 이 두 사람이 처음으로 만난 시기는 20대, 이미 결혼해 아이도 있을 때였으며 첫 만남의 장소는 과거시험장이었다. 더욱이 오성은 한음보다 다섯 살이 많았는데 이 두 사람은 세간에 알려진 것과는 꽤 다른 사이였다.

한음 이덕형은 오성 이항복에게 장장 70통이 넘는 편지를 남겼는데, 내용은 주로 투덜거림, 하소연, 징징거림이었다. 공식적으로는 근엄하고 말수 적으며 유능했던 이덕형이었지만 이항복에게만은 투덜이 스머프였던 것이다. 이렇게 남아 있는 수많은 편지 속에서 한음이 오성을 부르는 호칭은 태형台兄, 그러니까 대감 형님이다. 때로는 그냥 형이라고 부르기도 했는데, 이건 주로 오성을 갈굴 때 쓰곤 했다. 이덕형은 자기보다 나이가 많다고 해서 상대방의 잘못을 그냥 넘어가는 사람이 아니었다. 투덜대고 징징대며 자기를 갈구기까지 하는 동생을 드넓은 사랑으로 보듬어 빛나는 우정을 역사에 남긴 오성 이항복에게 치얼스!

이런 호칭은 두 사람 사이의 친밀도에 따라 점차 바뀌기도 했다. 율곡 이이와 우계 성혼은 조선 성리학을 대표하는 학자들이었으며 한 살 차이인 데다가 같은 시기에 공부를 시작해 자주 만나곤 했다. 그래서 처음 이이가 성혼에게 보낸 편지를 보면 성혼을 "족하足下"라고 부르고 있다. 요즘 식으로 번역을 하자면 '당신' 같은 2인칭 존칭어이다.

처음에는 그러다가 이후의 편지를 보면 이이가 성혼을 '형'이라고 부르고 있다. 까칠함으로는 역사적으로 손꼽히는 이이이다 보니 이 호칭이 유독 각별하게 느껴진다. 성혼의 철학적 지향점이 이이와 상당히 달랐다는 점을 생각하면 더욱 놀랍다. 그러나 사람이 서로에게 호감을 느끼는 포인트는 제각각이며 어쩌면 달랐기에 더 친해졌을지도 모른다. 그렇게 성혼과 친해진 이이는 보통 사람은 읽다가 눈이 튀어나올 것 같은 현학적인 성리학 문제들을 의논하기 위해 성혼에게 엄청나게 긴 편지를 보내곤 했다. 성혼은 또 그런 한 살 아래 동생을 잘 보듬어주었고, 그렇게 둘은 친했다. 이처럼 사귐에 나이와 호칭이 무슨 상관일까? 서로가 좋으면 그만인 것을.

눈물의 세금 고지서

세금 고지서 보자마자,
우리 완전 빵 터졌잖소.

나랑 내 친구 개똥이는
강원도 신림 사람이래요.

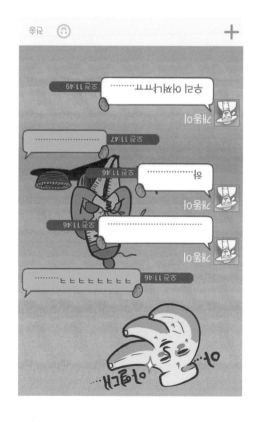

평생 바다는 본 적도 없고,
여름에도 추워서 긴팔 입고 다닌대요.

근데 무슨 수로
전복에 바나나를 구한다니ㅠ?

공납이 뭐냐고?
세금을 이렇게, 공물로 내는 거라니.

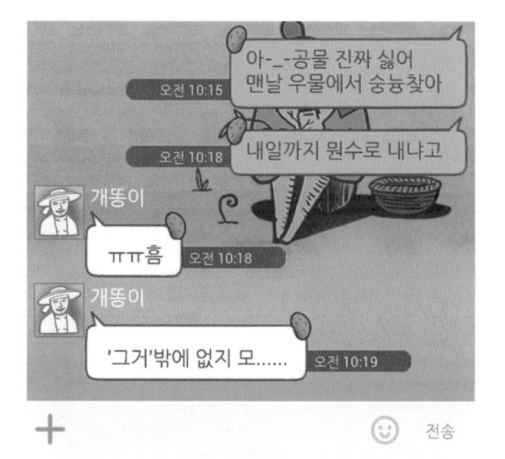

둘이요
방납

방납스토어.co.js

[공&물#대@납&합#니$다]
공납에서 해방시켜드리니까
방납스토어.co.js!
우리 동네에선 안 나는 공물~
구하기 힘드셨죠^^?
돈만 내시면, 저희가 뭐든
구해다 드립니다!
오전 10:35

조선 최저 수수료 1000~10000%보장!
오전 10:40

저기 견적좀요……
바나나 한박스 얼마예요?
오전 10:44

200만원이세요 고객님^^
오전 10:45

헐 미친 10배
오전 10:45

전복은요??
오전 10:48

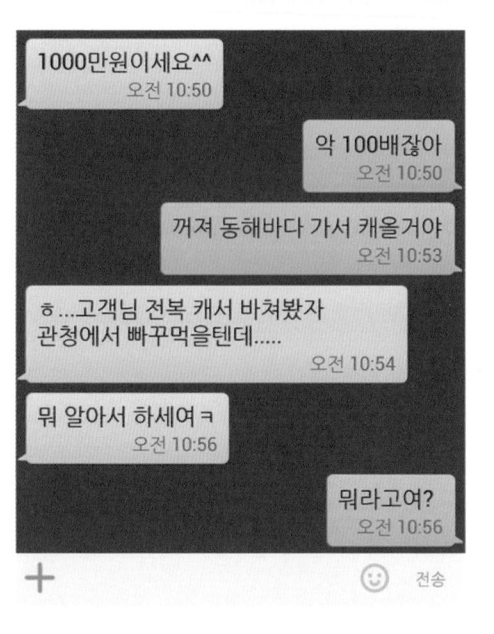

1000만원이세요^^
오전 10:50

악 100배잖아
오전 10:50

꺼져 동해바다 가서 캐올거야
오전 10:53

ㅎ...고객님 전복 캐서 바쳐봤자
관청에서 빠꾸먹을텐데.....
오전 10:54

뭐 알아서 하세여ㅋ
오전 10:56

뭐라고여?
오전 10:56

＋   😊   전송

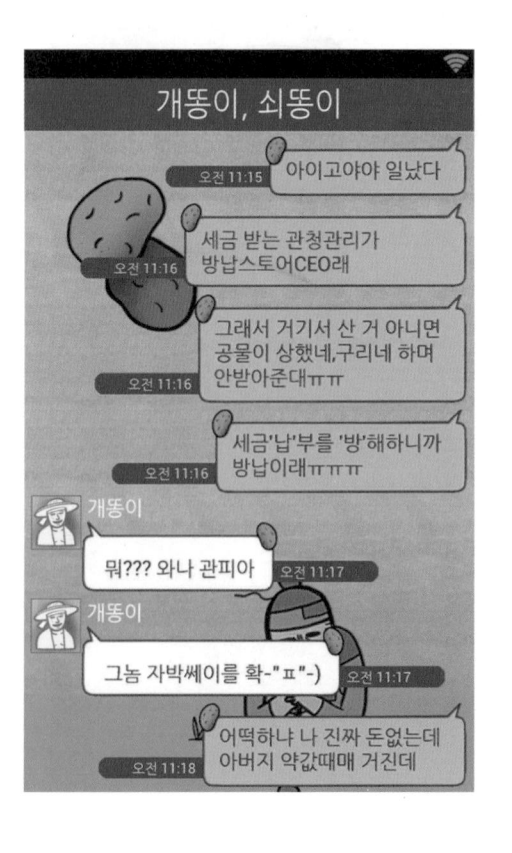

개똥이, 쇠똥이

오전 11:15   아이고야야 일났다

오전 11:16   세금 받는 관청관리가
방납스토어CEO래

그래서 거기서 산 거 아니면
공물이 상했네,구리네 하며
오전 11:16   안받아준대ㅠㅠ

세금'납'부를 '방'해하니까
방납이래ㅠㅠㅠ
오전 11:16

개똥이

뭐??? 와나 관피아   오전 11:17

개똥이

그놈 자박쎄이를 확-"ㅍ"-)   오전 11:17

어떡하냐 나 진짜 돈없는데
아버지 약값때매 거진데
오전 11:18

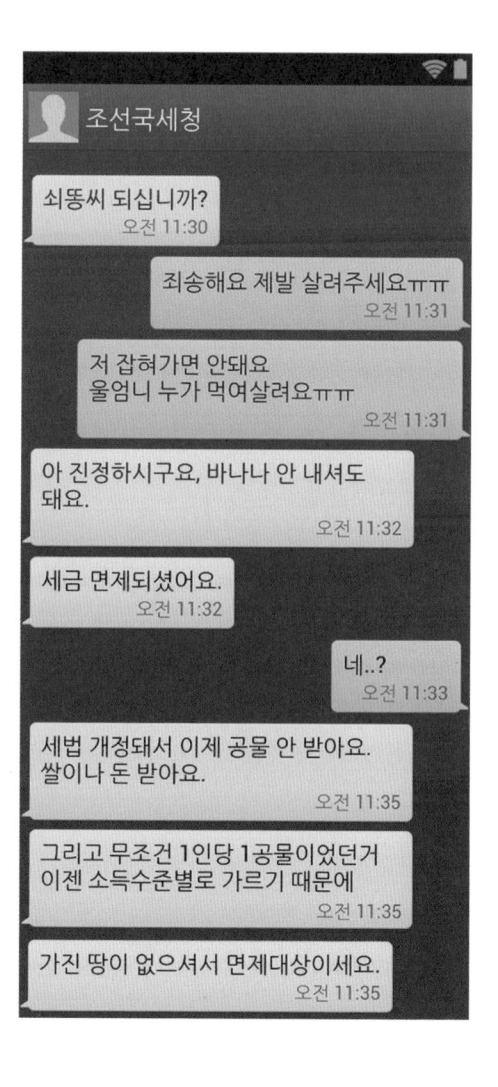

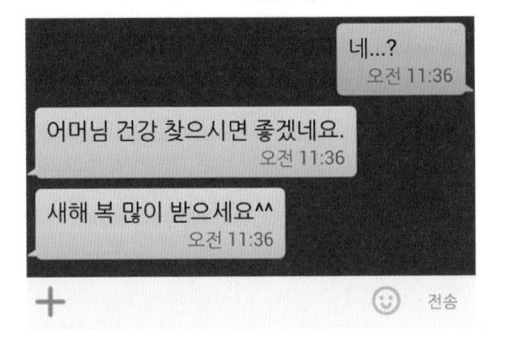

이게 바로,
세종 대 이전부터 숙종 대에 걸쳐

수많은 왕과 관료, 백성들이
300여 년을 들여
이루어냈다는 조선 최대의 개혁

'대동법'이래요.

그리하였다고
한다.

끝.

- 조선의 백성들은 공물을 세금으로 바쳐야 했다.
- 백성들은 자기 지역에서 나지 않는 것조차 바쳐야 했는데(불산공물), 이것이 백성들을 많이 힘들게 했다. 하지만 조선 이전부터 내려온 고질적인 문제라 "세종대왕도 불산공물은 못 고친다"고들 하다.
  – 『연산군일기』
- 방납 역시 오랫동안 백성들을 괴롭힌 문제. 세종, 공물을 대신 내준다며 웃돈받은 자를 벌하다. 명종, 방납이 심해 골머리를 앓다.
- 하지만 뿌리를 뽑기엔 너무 거대한 유통산업이 되어버렸던 방납. 이걸 어쩌나 고민하는 왕과 신료들.
- 결국, 세금을 딱 정해진 액수만, 쌀과 돈으로, 재산 수준에 따라 내게 하자는 '대동법' 얘기가 본격적으로 나온 것은 임진왜란으로 백성들 생계가 박살난 선조 대.
- 그리고 100여 년이 지난 숙종 대, 조선 일부에서만 시행되던 대동법이 비로소 전 조선에서 행해지다(함경, 평안도 제외).

- 아무렴 바나나를 달라고 하지는 않았다.
- 가난한 집에 비싼 말을 바치라고 하거나, 평생 바다라곤 본 적이 없는 내륙백성에게 전복을 바치라고는 했다는 듯.

대동법을 제발 시행해줘

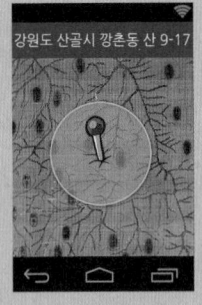

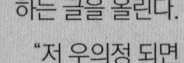

1649년, 인조가 죽고 효종이 막 즉위한 시기, 효종은 69세의 김육을 우의정에 제수한다. 그러자 김육은 효종에게 사양하는 글을 올린다.

"저 우의정 되면 대동법 할 건데요? 그래도 괜찮아요?"

효종의 대답은 "오케이"였고, 김육은 우의정이 된다. 어째서 김육은 이런 글을 올렸을까. 공납은 이미 조선 중기 이후로 그 폐해가 아주 심각해져 있었고, 백성들의 생활을 파탄 내는 주범이었지만 해결은 요원했다. 그리하여 광해군 대를 시작으로 인조 대까지 계속 대동법이 시범 실시되었지만, 별다른 효과를 거두지 못하고 중단되기 일쑤였다. 왜 그 좋은 대동법이 계속 시행되지 못했을까?

저항이 만만치 않은 탓이었다. 당연히 공납의 피해자인 백성들이 반대한 것이 아니라 양반들의 저항이 심했다. 우선 세금 제도를 뜯어고치는 것은 매우 귀찮고 번거로운 일이었고, 방납 커넥션으로 이익을 보고 있던 일부 양반들의 반대가 컸다. 대동법으로 농민들의 부담은 덜어지지만 양반 지주들의 부담은 커지는 것도 반대하는 이유였다.

그런 와중 김육이 나라를 쥐락펴락할 수 있는 우의정의 자리에 앉는다. 그리고 그의 손녀는 세자빈이 되었으니 훗날 숙종의 어머니가 되는 명성왕후 김씨였다. 정승이자 외척인 김육은 아무도 함부로 대할 수 없는 세력을 얻었다. 그럼에도 불구하고 그가 추진하는 대동법은 강력한 반대에 부딪혔다. 총대를 멘 김육은 "건방지다", "비리가 있다"는 뒷말을 무성하게 들어야 했고, 조선 정부는 둘로 쫙 나뉘었으니 김육을 비롯해 대동법을 찬성하는 한당漢黨과 반대하는 산당山黨이었다. 당연히 반대하는 쪽이 훨씬 많았고, 반대파 중에는 유학자 김집이나 송시열 등 명망 높은 사람도 많았기에 대동법 시행은 툭하면 벽에 부딪혔다.

그렇지만 운이 따라주었다. 그즈음 청나라의 압박이 무척 강해져 있었고, 청나라는 조선의 반청파들을 감시하는 눈초리를 늦추지 않았다. 대의명분을 중요하게 여긴 유학자들이 많았던 산당은 청나라의 압력으로 국정에서 잠깐 멀어질 수밖에 없었으며, 반대로 혼자 공부한 덕에 학맥에 얽매이지 않고 외교에 잔뼈가 굵은 전문가이자 청나라와의 관계도 나쁘지 않던 김육에게는 정권을 잡고 대동법을 밀고 나갈 기회가 마련되었다.

김육은 굉장히 고집스러운 사람이었다. 그는 악착같이 반대하는 산당과 싸우고, 그러면서 대동법의 단점을 고쳐나가 결국 충청도에서 대동법을 시행하게 된다. 이제까지 많은 진통이 있었지만 한번 시행되고 나니 대동법은 참 편리했고, 전라도에서도 "우리도 대동법 좀 해줘요!"라고 애원하여 전라도까지 확대된다. 하지만 대동법이 확대되기 전인 1658년(효종 9), 김육은 78세의 나이로 세상을 떠난다. 그는 죽기 직전에도 효종에게 편지를 보내 대동법의 보호를 부탁했다. 자기가 죽었다고 중단되어서는 안 되며 꼭, 제발, 플리즈, 끝까지 시행해 달라고. 다행히 대동법은 전라도를 넘어 이후 경상도, 황해도까지도 퍼져나간다.

김육은 왜 그리 대동법에 열렬했을까? 추측할 만한 이유가 있다. 김육은 원래 굉장히 가난했다. 명색이 양반이었지 임진왜란으로 아버지와 친척 어른들이 모두 일찍 세상을 떠나 어린 나이에 가장이 되었다. 그래도 공부 하나는 기가 막히게 잘해 이제 좀 출세하나 했더니 광해군의 깽판 시대를 맞이하여 당시 성균관의 학생회 임원이었던 김육은 광해군에게 장렬하게 개긴 뒤 공부를 접고 시골로 내려갔다. 원래 집안이 가난했고 동생도 여럿이었기에 김육은 고향 시골로 내려가 양반의 체면도 버리고 손수 농사를 짓고 숯을 구워가며 근 10년 넘게 가족들을 먹여 살려야 했다.

아마 이때가 아니었을까? 김육이 공납으로 고통받는 백성들의 모습을 보게 된 것은. 그가 "백성의 삶을 파탄 내는 공납제도를 고쳐야 한다"고 목에 핏대를 세웠던 까닭은 아마 그동안 본 것들이 있었기 때문일 것이다. 비록 김육은 대동법의 완전 시행을 보지 못하고 눈을 감았지만 대동법의 덕을 본 충청도 백성들은 그를 기려 대동법 시행 기념비를 세웠다. 정식 이름은 '김육대동균역만세불망비'. 풀이하자면 "김육, 대동법을 시행해줘서 고마워! 영원히 잊지 않을게!"라는 뜻이며, 지금은 평택에 자리 잡아 양반이면서도 백성들을 위해 온 힘을 다해 싸웠던 김육을 기리고 있다.

조선
백성
실톡

웹툰 〈조선왕조실톡〉 Staff

기획/총괄프로듀서 | 윤인완
글/그림 | 무적핑크

YLAB
프로듀서 | 윤인완
제작총괄 | 윤지영
책임편집 | 성미나
디자인편집 | 정윤하
도움 | 장보람 이현정 오세정 이수지 이신애
윤인석 이창욱 이원빈

NAVER
책임총괄 | 김준구
담당편집 | 박종건 이승훈

온라인 배급 | NAVER WEBTOON
제작 | YLAB

3 조선백성실톡

초판 1쇄 발행 2016년 4월 15일 **초판 24쇄 발행** 2024년 7월 12일

지은이 무적핑크
펴낸이 최순영

출판1 본부장 한수미
컬처 팀장 박혜미
기획 YLAB
해설 이한
디자인 designgroup all

펴낸곳 ㈜위즈덤하우스 **출판등록** 2000년 5월 23일 제13-1071호
주소 서울특별시 마포구 양화로 19 합정오피스빌딩 17층
전화 02) 2179-5600 **홈페이지** www.wisdomhouse.co.kr

ISBN 979-11-86940-09-9 04910
        979-11-954340-6-0 (세트)